高校学术研究论丛

旅游管理应用型人才协同培养模式创新研究

罗如学 刘晓丽 尤妙娜 著

中国书籍出版社
China Book Press

前　言

　　注重应用型、复合型人才的培养，校企合作、协同育人，是提升人才培养质量的重要途径。本书以广东海洋大学寸金学院旅游管理本科专业为对象，根据应用型人才培养目标，确立了校企协同育人的旅游管理应用型人才培养体系，并成功用于实践。

　　自从开展旅游管理应用型人才协同育人模式探索与实践研究以来，广东海洋大学寸金学院先后在湛江中国旅行社有限公司、东莞三正半山酒店及阳江海韵戴斯酒店等企业建立了专业实训实习基地，逐步发展并建成校企合作、协同育人平台。本成果基于学院应用型人才培养目标的实现，为加强创新应用型教育研究，改革人才培养模式和机制，定义了旅游管理专业应用型人才培养的目标内涵，确立了培养掌握专业知识和实践技能，并具备一定创新精神的应用技能型人才的目标定位。

　　本书的主要框架包含旅游管理应用型人才培养模式理论研究、国内外应用型人才培养模式研究现状、探索思路与实践研究、独立学院旅游管理应用型人才协同培养模式探索以及旅游管理师资队伍建设、课程体系改革、教学效果评价机制与实践基地建设等方面，最后还对该培养模式进行了实践研究。在研究与实践过程中，重点解决了实践教学环节只停留于参观和接受实习生等表面合作，难以深入开展、学生掌握专业技能不强、"双师型"教师队伍建设动力不足等方面的问题。

本书的特色与价值是探索并实践了校企合作、协同培养的应用型人才培养的新模式，从而探索出"始了解、中实训、末实习"的校企合作过程，体现了"初期双向交流——过程学习、实践结合——末期岗位实践"协同育人的人才培养模式。构建了培养创新应用技能型人才的有效途径，建立起与其相适应的创新人才培养体系，致力于为社会培养出一批专业知识扎实、掌握专业技能、实践能力强、综合素质高、发展潜力大的应用型本科人才。

自立项以来，本研究以旅游管理专业为例，正式展开了应用型人才协同培养模式的探索与实践，并在实践过程中不断进行总结、改进及完善，取得了较好的教学成果。2015年获学校教学成果一等奖。

本书是作者主持的2012年度广东省高等教育教学改革项目"独立学院应用型本科专业人才培养模式改革与实践"（编号：2012408）的最终研究成果、广东教育教学成果奖（高等教育）培育项目"独立学院应用技能人才协同培养模式研究与实践——以旅游管理专业为例"（粤教高函〔2015〕72号）的最终研究成果，同时，也是广东海洋大学寸金学院2016年院级特色专业建设项目："旅游管理"（项目编号：CJTSZY2016003）的阶段性研究成果。本书由罗如学、刘晓丽、尤妙娜联合编写，并参考了大量图书和研究资料，在此一并表示感谢。

由于作者学识有限，如有不足之处，敬请专家、读者提出宝贵意见。

作　者

2017年7月18日

目　　录

第1章　旅游管理应用型人才培养模式理论研究………… 1
　1.1　目标定位………………………………………… 4
　1.2　课程理论………………………………………… 13
　1.3　教学方法………………………………………… 21

第2章　国内外应用型人才培养模式研究现状………… 35
　2.1　国内应用型人才培养相关问题研究…………… 35
　2.2　国外应用型人才培养问题研究………………… 37
　2.3　旅游管理应用型人才协同培养模式问题研究… 41

第3章　探索思路与实践研究…………………………… 44
　3.1　探索思路………………………………………… 44
　3.2　实践研究………………………………………… 46
　3.3　创新点…………………………………………… 51

第4章　独立学院旅游管理应用型人才协同培养模式探索……………………………………………… 54
　4.1　本科专业应用型人才培养模式存在的问题…… 55
　4.2　本科专业应用型人才培养模式的构建………… 61
　4.3　本科专业应用型人才培养实践………………… 65

第5章　旅游管理专业教师队伍建设探讨……………… 72
　5.1　旅游管理专业教师队伍聘用机制……………… 72
　5.2　旅游管理专业教师队伍评价机制……………… 75

5.3　旅游管理专业教师队伍的激励机制…………………… 82
　　5.4　校企合作人才互通机制…………………………………… 88

第6章　课程与教学体系改革………………………………………… 92
　　6.1　全面优化课程教学体系…………………………………… 92
　　6.2　构建立体化教学方式……………………………………… 102
　　6.3　强化教学实践环节………………………………………… 108

第7章　建立全面的教学效果评价机制…………………………… 113
　　7.1　强化教学质量管理和监督工作…………………………… 113
　　7.2　强化旅游理专业的教学质量与监督的方法…………… 114
　　7.3　校企共同探索教学效果评价制度………………………… 116

第8章　实践教学基地建设与管理………………………………… 129
　　8.1　实践教学基地建设概述…………………………………… 129
　　8.2　实践教学基地建设存在的问题…………………………… 130
　　8.3　实践教学基地建设的措施………………………………… 132

第9章　旅游管理应用型人才协同培养模式实践……………… 137
　　9.1　旅游管理应用型人才协同培养模式实践现状………… 137
　　9.2　协同培养成效……………………………………………… 145
　　9.3　成果交流及推广…………………………………………… 150

参考文献…………………………………………………………………… 151

第1章
旅游管理应用型人才培养模式理论研究

旅游管理"应用型人才"概念最早是1990年在原国家教委在广州召开的"全国普通高等专科教育工作座谈会"上提出的。在这次会议上通过的《关于加强普通高等专科教育工作的意见》中指出,高等专科教育旨在培养"适应基层部门和企事业单位生产工作第一线需要的德智体诸方面都得到发展的高等应用性专门人才"。20世纪90年代末,国家教育部在《关于加强高职高专教育人才培养工作的意见》中又提出,高职高专教育培养适应生产、建设、管理、服务第一线需要的德智体美等方面全面发展的高等技术应用性专门人才。高等专科学校对应用型人才的培养取得了一定的成效。由于科技、经济对人才层次要求的提升,高校应用型人才培养问题日渐引起社会关注,学术界、教育界对应用型人才培养既有实践研究,也有理论探讨。应用型本科教育的研究重点和核心问题是其本质属性和课程设置。

据教育部印发《关于规范并加强普通高校以新的机制和模式试办独立学院管理的若干意见》(教育部教发〔2003〕8号)[①],所谓独立学院专指普通本科高校按新机制、新模

---
① http://www.moe.edu.cn/s78/A03/s7050/201206/t20120628_138410.html.

式举办的本科层次的二级学院。它是指一个独立的（可以是综合性的）本科高校，一些普通本科高校按公办机制和模式建立的二级学院、"分校"或其他类似的二级办学机构不属此范畴，其特点表现为"优""独""民"。它的"优"体现在充分利用现有普通高校的优质教育资源和社会资源，增强了独立学院发展的潜力和活力，而母体高校要为其教学质量负责，从而为独立学院的办学质量提供了保障。它的"独"体现在具有独立的校园和基本办学设施，具有独立法人资格，能独立承担民事责任，实施相对独立的教学组织和管理，独立进行招生，独立颁发学历证书，独立进行财务核算。它的"民"体现在独立学院一律采用民办机制。独立学院建设、发展所需经费及其他相关支出，不依靠国家的财政来源，而全部由合作方承担或以民办机制筹措。

随着经济的迅速发展和人民生活水平的不断提高，特别是体验经济的到来，我国的旅游业表现出了强劲的发展势头。早在2009年国务院《关于加快发展旅游业的意见》（国发〔2009〕41号）公报中便提出，我国旅游业的未来将加强统筹规划，从改革、开放、服务、管理入手，着力提升发展质量，"把旅游业培育成国民经济的战略性支柱产业和人民群众更加满意的现代服务业"。而在此之前，旅游业仅是"国民经济的重要产业"，而产业定位的变化体现了旅游业在经济发展的作用已经有了显著提升，这为我国旅游企业提供了良好的发展环境，人民生活水平的提高和追求精神享受的愿望呼唤旅游企业上水平、上档次，普通百姓收入不断增加和闲暇时间的增多都要求旅游企业满足其消费需求，全社会正积极推行职工带薪休假制度，合理调整居民工作和闲暇时间，扩大服务供给，提高居民服务性消费的呼声越来越高。当前，我国改革开放和经济社会发展进入新的时期，旅游业发展面临的形势和背景发生了重大变化。一是党的十八届三中全会做出了全面深化改革若干重大问题的决定，明确提出要使市场在资源配置中起决定性作用；二是正式颁布实施的《旅游法》明确了旅游者、旅游规划、旅游经营、旅游安全、旅游监督管理等方面的法律规范；三是我国经济增长进入新常态，扩大消费已成为促进经济增长的主要着力点。可见，旅游休闲作为人民群众日常生活的重要组成部分，市场潜力很大。

国家旅游局发布的《中国旅游发展报告（2016）》显示，随着"515战略"、"旅游+"战略、"全域旅游"战略、"一带一路"旅游合作战略的进一步实施，中国将迎来提质增效发展阶段，世界将充分分享中国巨大的出境旅游、投资、人才引进和资本输出市场。2016年旅游业发展预期目标为：国内旅游43.8亿人次，比上年增长9.5%；旅游出入境2.63亿人次，比上年增长5%。其中，入境1.37亿人次，比上年增长2.5%；出境1.26亿人次，比上年增长8%。国内旅游收入3.8万亿元，比上年增长11%；国际旅游收入1210亿美元，比上年增长6.5%；旅游总收入4.55万亿元，比上年增长10%。旅游投资达到1.2万亿元，同比增长20%。旅游直接就业2816万人次，直接和间接就业合计7943万人次，占全国就业总人口的10.23%。可见，蓬勃发展的旅游业对旅游服务人员有着大量的需求，然而，我国的旅游院校每年仅能提供十来万名毕业生，旅游行业面临人才紧缺局面，这就为旅游管理专业人才提供了充分的就业机会和广阔的发展空间。

但是，目前我国旅游业从业人员整体素质还普遍偏低，缺少高素质人才，存在着"人力资源供过于求，人才资源供不应求"的现象，从业人员在思想素质、业务能力、意识、管理水平、知识结构等方面还存在着缺陷，严重影响了旅游业的声誉和创新发展。加上经济全球化的发展，旅游者需求多样化、个性化，对旅游服务人员的素质提出了更高的要求，只有一定理论或仅能从事简单劳动的旅游服务人员已远远不适应旅游业发展的需要。因此，对旅游管理专业进行教学改革，为旅游业输送高规格的服务人才是新世纪旅游业赋予我们的艰巨任务，巨大的社会需求是专业持续发展和不断前进的直接动力。

实践证明，只有把学校的发展、专业的建设与国家和地区的经济发展紧密结合，办出特色和水平，培养出来的学生才能找准位置，适应环境，为社会做出应有的贡献。

1.1 目标定位

人才培养模式是指按照特定的人才培养目标定位，以相对稳定的教学内容、课程体系、教学流程、教学方法、管理制度、评估方式等实施人才教育过程的总和。它主要包括人才培养目标与规格、专业设置、课程模式、教学设计、教师队伍、人才培养途径和教育方法等。

随着教育改革的逐步推进，教育研究者开始注意教育机构的定位问题。教育机构管理者逐渐意识到办学方向、人才培养目标、专业定位对教育竞争的决定性作用，1996年，定位理论首次运用到教育中，夏光荣、李星毅首次引入形象定位概念，提出教育定位理论。进入21世纪，菲利普·科特勒在《教育机构的战略营销》[①]一书中把市场营销的核心理念引入教育机构，其中包括教育机构的定位、课程体系设计等方面的内容，这也为定位理论在教育领域的应用提供了新的思路和途径。而面对不断变化的旅游业，旅游管理专业更需要以重新定位的思想为旅游管理专业可持续发展提供理论动力。

2012年，教育部正式调整《普通高等学校本科专业目录》，将旅游管理升级为一级学科，下设旅游管理、酒店管理、会展经济与管理三个二级学科。但由于"旅游"涵盖范围广，业态纷杂，对专业人才的需求多样，所以目前还不能被所设的二级学科完全覆盖。酒店、度假村、旅行社、各类主题公园及世界遗产等，尽管都属于旅游行业，但行业特性很强，对知识和技能的要求差距很大，学校很难在四年之内培养出既懂旅行社、酒店又懂景区管理的人才。目前的专业设置及定位导致大多数本科旅游管理专业课程泛泛而设，缺乏行业针对性，难以适应社会对旅游人才的专业化需求，越来越多的人认为旅游学科专业设置单一、定位不清，这是导致旅游本科教育失败的根本原因，且已

---

① 〔美〕菲利普·科特勒，凯伦·F. A. 福克斯. 教育机构的战略营销 [M]. 庞隽，陈强，译. 北京：企业管理出版社，2005：106-107.

严重影响了旅游学科的发展，所以各院校旅游管理本科专业迫切需要明确自己的定位，并在此基础上形成特色学科培养体系，充实旅游学科，为其成为名副其实的一级学科做好准备。

　　对于旅游管理专业的定位，国内外的学者提出了不同的观点，其中，学者许为民、张国昌从人才所具备的知识基础、能力和工作类型三个维度出发，将应用型创新人才分为理论性、设计性、技能性、操作性四个层次。这种对应用型创新人才的分类堪称典型代表且较符合我国旅游教育培养现状。据此，可将我国旅游教育培养的应用型创新人才分为四个层次：旅游操作应用型创新人才（主要培养单位是中等职业技术学校旅游管理专业）、旅游技能应用型创新人才（主要培养单位是高职院校旅游管理专业）、旅游设计应用型创新人才（主要培养单位是本科院校旅游管理专业本科教育）、旅游理论应用型创新人才（主要培养单位是本科院校旅游管理专业博士生、研究生教育）。作为以培养旅游设计应用型创新人才为目标的旅游管理专业本科院校，应以创新为指导思想，整合资源，在注重学生专业理论知识、旅游行业基本理论学习的同时，使其具备相应的创新意识，以便今后参与旅游企业的中高层管理岗位的管理与决策、中小型旅游项目与产品设计、服务的更新与完善等创新活动。这类人才属于创新人才层次中的中等层次，一般从事的旅游岗位为各大中小型旅游企业的中、高层管理岗位，是我国旅游业的中坚力量。

1.1.1 人才培养模式定位的原则

人才培养目标定位是实现人才培养目标的重要基础。人才培养的目标、定位和规格三者是一个完整的统一体，是人才培养的方向和基础。旅游管理专业应用型人才教育的定位是根据其人才培养目标和应用型人才培养特征来决定的。按照应用型人才培养特征，旅游管理专业定位应遵循以下几个原则进行。

1. 导向性原则

以市场需求为导向，既要主动适应旅游产业的发展对人才需求数量、类型、质量、规格上的变化，又要遵循教育的内部规律，符合学科发展趋势和人才培养规律。民办高校在旅游管理专业建设上应对已具有比较优势的专业方向给予重点支持，使之在短期内有较大发展，充分发挥重点建设方向在人才培养、社会服务、专业特色等方面的带头、辐射作用。

2. 科学性原则

要科学地分析高校旅游管理专业的现状及与企业实际用人需求间的差距，掌握相关学科方向的发展前景；要具有开拓眼光，既着眼于现实又与时俱进，以特色专业方向建设营造特色专业。致力于培养技能型和技术应用型人才，是高校旅游管理专业设置与调整的必然趋势。

3. 灵活性原则

从实际出发，随时调整专业结构。高校的旅游管理专业应根据旅游产业结构的变化、新兴业态及人才需求状况、专业发展趋势，及时调整教学计划和专业课程，以体现人才培养的超前性，注重专业设置与调整的社会效益和经济效益。

4. 合理性原则

根据人才培养的周期性和迟效性要求，高校的旅游管理专业应在人才预测的基础上做出招生规模及专业方向的整体规划。同时，在专业方向的设置上，要适应旅游产业发展的需要，及时根据办学实际条件进行专业的合理调整、充实和提高。

5. 特色性原则

保持专业特色是民办高校旅游管理专业定位最核心的工作，以专业特色建设统领教学基本建设、师资队伍建设、学风建设和实践教学环节等工作，以专业特色建设、实践教学活动促进学科专业建设，努力实现学科专业建设与其他建设的协调发展。

1.1.2 人才培养模式定位的依据

高校应用型旅游管理专业定位依据如下：一是旅游行业对旅游高等教育、人才培养的需求，弄清楚何种人才最为紧缺；二是民办高校旅游管理专业本身的办学条件和主要优势，弄清能为社会提供什么样的教育，培养什么样的人才；三是敢于标新立异，努力避免趋同，以本校培养的人才填补人才市场的空缺，不与其他学校争饭吃、抢通道。

社会对人才的需求是多种多样的，紧紧抓住旅游行业社会人才的需求状况和本校旅游管理专业优势（包括潜在优势）的交汇点，才是民办高校旅游管理专业的最佳定位。只有找到既适合自己又不被别的学校所替代的定位，专业发展才有强大的生命力。检验定位是否准确的一个重要依据是专业能否吸引学生，有没有充足的生源，培养出来的学生能不能顺利就业，受到社会欢迎。

1.1.3 人才培养模式定位的基本思路

1. 办学目标上培养面向基层的技术应用型人才

旅游管理专业有其自身特点，与其他专业相比，该专业更强调实践性、应用性。当前，相当一部分旅游管理专业毕业生在工作中眼高手低，耐不住寂寞，思想波动比较大，有拈轻怕重的现象，即使公司给的待遇不低，并且进行岗位培训，但离职的人还是不在少数。

从实际而言，旅游管理专业在办学目标上应以培养技能型和技术应用型人才为主，要求学生既有一定的基础理论功底又具备较强的实际应用能力，在教学过程中注重学生实践操作能力的锻炼，在就业上引导学生面向基层、面向实际，从而成为一线的高级应用型人才。办学层次上以技术应用型本科教育为主。

2. 旅游管理专业应以"从事本专业实际工作"为培养目标

着眼于理论的运用，提高学生由基础理论向应用转化的综合素质，为未来就业打下坚实基础，而不是偏重于理论探讨和培养学术素养，也不是为研究生教育输送预备队。

在教学中，应向学生传授社会直接需要的旅游专业知识、技术和技能；应着眼于为旅游产业培养生产、服务和管理的各类技术应用型人才。在办学层次上，应主要以履行教学职能、加强本科教育为主；在专业建设上，应注意拓展专业方向，突出行业特色，改善实验条件，培养实践能力，以增强其职业适应性和专业特长。

3. 人才培养类型上以市场需求为导向

高校的发展受市场影响巨大，它在学科建设、专业设置、办学方式等方面拥有很大的灵活性和自决权，市场是它们的指向标。高校应该注重专业设置的灵活性，不断调整自身以适应社会不断变化的需求，与市场共进退。所谓结合市场，并不仅指结合当前的市场需求，还要研究未来市场的需要，这就要求民办高校旅游管理专业密切关注国家特别是本地区对旅游行业提出的发展规划及建设进度，了解行业人才需求现状与趋势，以及目前和未来的若干年内的人才需求，从中挖掘人才需求信息，使专业设置与行业结构的发展速度始终保持一致。

目前，旅游业对于紧缺人才的需要尤为迫切，主要集中于三类：一是旅游高端人才，尤其是具有国际眼光、对国际旅游市场比较敏感的高级旅游经营管理人才，如旅游企业资产管理与运作人才、旅游项目策划规划人才、高级旅游营销人才、饭店高级职业经理人、旅行社高级人才、餐饮职业经理人等；二是一线应用技能型人才，如饭店一线服务人员、餐馆西菜厨师、西点厨师、中菜厨师、行政总厨与厨师长、餐饮策划、小语种导游人员等；三是新兴旅游业态专业人才，如旅游信息管理人才、电子商务人才、大型会展活动管理服务人才、休闲度假项目策划服务人才，等等。第一类人才主要由公办院校培养，而对民办高校旅游管理专业而言，应抓住机遇，重点培养后两类人才。

4. 办学模式上坚持校企联合开放式办学

旅游学科的应用性和实践性都很强。校企联合开放式办学具有以下显著特点：企业为学校提供对学生的需求信息，使学校根据市场需求培养人才；企业为学生提供带薪实习的机会，指导学生顺利掌握操作技巧，达到教学实习目的；企业的某些高级管理人员兼任学校客座教授，他们具有丰富的实践经验，并开设了一系列讲座，往往他们的课很有特色，言之有物，形象生动，实用性强，可以把行业中新发展、新动态、新问题带进课程中，引进案例教学，更有效地指导学生。

高校旅游管理专业能否取得可持续发展，不仅在于自己的教学实力和条件，更重要的在于是否适应企业和市场的需要，校企联合是实现专业持续发展的重要条件。在校企联合开放式办学中，学校为企业提供人才，企业为学生实习提供场所，双方互利互惠。学校根据企业的实际需求开展科研，把企业的实际情况引入教学，使教学内容不断更新。除此之外，旅游管理专业在人才培养模式上应体现"订单式"和"模块式"的"一专多能"培养模式。"订单式"培养模式是指"一专"，就是要针对市场需求，根据用人单位的需要，培养对口的技术过硬的专业人才。"模块式"培养模式是指"多能"，是指民办高校的旅游管理学生在掌握一门技术的同时,要求获得若干个职业技能证书,如英语等级证、普通话证、导游证等。

5. 办学思路上打造品牌,突出特色

营造差异化专业特色是高校办学特色的重要体现,是高校吸引生源、形成社会地位的基础,是民办高校塑造学校形象、提高知名度的重要途径,是学校生存和发展的关键因素,是衡量其办学水平和人才培养类型的重要标志。是否具有特色,是决定一个专业教育市场竞争力大小的关键因素。旅游管理专业要办出自己的专业特色,就要在同其他高校的比较中找出自身优势。在教育细分过程中,做到"人无我有,人有我优",不搞大而全,以提高质量为首要目标,走内涵发展的道路。

具体而言,一是定位在"专、特、精"上,"专"就是为生产、经营、管理、服务第一线培养技术、技艺型专门人才(以专科层次为主),如酒店管理、餐饮烹饪等专业;"特"就是办社会经济发展需要的、你无我有、你弱我强的专业,办一些新的填补性、操作性强的专业,如会展、节事策划、活动管理、韩语导游等专业;"精"就是要质量立校,创出品牌来。二是定位在"能、多、活"上,"能"就是以培养能力为目标,不追求高学历,而是追求高能力和高就业率;"多"是发展以产、教结合为主的多种办学形式;"活"是办学形式要活,紧跟市场,快速发展,形成规模,要多办、办好。三是定位在"高、大、高"上。"高"是硬件、软件建设高起点、高投入;"大"是办大、办强,即规模要大,实力要强;"高"是师资结构高学历、高水平。

1.2 课程理论

随着我国旅游业向国民经济战略性支柱产业的升级，旅游人才的培养受到高度重视。旅游业在快速、多元化发展的同时面临着激烈的市场竞争，这对旅游管理专业人才的综合素质提出了更高的要求，培养高素质的应用型人才成为地方本科院校的普遍选择。旅游管理专业的应用型特征决定了该专业的课程设计、授课方法要紧贴实际，以应用型技能传授为主。因此，本书对目前的旅游管理专业的课程理论予以整合，以期为旅游管理专业的课程改革提供理论基础。

1.2.1 竞争合作理论（PARTS）战略

竞争合作理论是20世纪90年代以来产生的一种新的企业管理理论，其主要代表人物是乔尔·布利克（Joel Bleeke）与戴维·厄恩斯特（David Ernst）。他们在《协作型竞争》一书的开篇就道出了这一理论的核心，即"对多数全球性企业来说，完全损人利己的竞争时代已经结束。驱动一公司与同行业其他公司竞争，驱动供应商之间、经销商之间在业务方面不断竞争的传统力量，已不可能再确保赢家在这场达尔文式游戏中拥有最低成本、最佳产品或服务，以及最高利润""很多跨国公司日渐明白，为了竞争必须合作，以此取代损人利己的行为。……跨国公司可以通过有选择地与竞争对手，以及与供应商分享和交换控制权、成本、资本、进入市场机会、信息和技术,为顾客和股东创造最高价值"①。

在阐释理论的过程中,由于涉及竞合模式核心部分的构建,学者又进一步提炼出了竞合理论的五要素,即 P(Participators,参与者)、A(Added values,附加值)、R(Rules,规制)、T(Tactics,战术)、S(Scope,范围),简称 PARTS 战略。PARTS 战略通过强调五要素之间相互依存、惠互利的关系,要求建立和保持所有参与者的动态合作关系,最终实现共赢。由于对竞争合作关系构建的支持作用及企业长远效益获取了大量成功,促使 PARTS 战略的应用延伸到更多领域(包括政治、文化、科技等),其内涵表达被进一步丰富。但把 PARTS 战略借鉴到教学领域的实践探索中来,借此支持实践教学体系中的各环节处理关系,则是首创之举。二是利益相关者理论。该理论同样来自战略管理理论领域,该理论认为任何一个企业的发展都离不开各利益相关者的投入或参与,这恰好与实践教学改革涉及面广、综合性强的要求不谋而合。因此,实践教学改革全面考虑了旅游教学领域涉及的相关因素,结合 PARTS 战略的因子构成,对主要相关环节有针对性地进行了改革。

PARTS 理论主要体现在实践教学改革方面。实践教学改革遵循系统论,科学考量整体与个体的关系,围绕学生,结合旅游专业实践教学的要求,将 P、A、R、T、S 的含义分别延伸为教学主体(P)、合作效果(A)、合作机制(R)、

---

① 〔美〕乔尔·布利克,戴维·厄恩斯特. 协作型竞争[M]. 林燕,等,译. 北京:中国大百科全书出版社,2000:306.

教学方式（T）、教学内容（S）五大要素。一方面，优化实践教学体系层次，突出体现了教学主体（P）的主导地位，合作效果（A）与合作机制（R）的保障作用，以及教学方式（T）与教学内容（S）的强关联价值；另一方面，推进实践教学环节改革，实现了教学主体（P）从以校为主到校企政会结合，合作效果（A）从校企双赢到校企政会多赢，合作机制（R）从校企模式到校企、校政、校会结合的综合模式，教学方式（T）从课堂教学真正走向实战教学，教学内容（S）从理论知识到技术技能等的转变，有利于提高实践教学效果，强化旅游应用型人才培养成效。

1.2.2 价值澄清法

价值澄清法的主要任务是帮助学生澄清自身的价值观，重视的是澄清价值观的过程。它是一种注重发展人的自主能力的表现方法，是一个评价认同的过程；它注重对各种价值观的分析，更注重对分析评价价值观能力的培养。因此，价值澄清理论是指在人的价值观形成过程之中，通过分析和评价的手段，帮助人们减少价值混乱，促成同一价值观的形成，并在这一过程中有效地发展学生思考和理解人类价值观的能力。

在教学中，应用价值澄清理论要选择其有意义的部分，要加强教师的指导作用。在价值自主选择过程中，由于环境影响、社会压力都会迫使个体价值观趋同，但是它拥有强烈的人本主义倾向，特别是在实践过程中，学生还不具备成熟的价值评价、选择能力，因此，教师应该以正确的价值观引导学生，并当学生感到困惑时，教师应该表明自己的价值倾向，供学生参考与选择。价值澄清理论应用在旅游管理课程教学中，可以从以下五个方面进行。

1. 思考问题

在教学过程中，应引导学生学会进行不同层次的思考，进行批评性的思考以及发散与创造性思考。在面对问题时，应启发学生构思出不同的可行方案和选择。

2. 自我感受

在对问题进行思考之后，对于自己的选择和结果要自我去感受。教师对于结果的评价除注重客观之外，对学生的思考结果要珍视，让学生有一个良好的自我感受，从而达到提高学习兴趣的目的。教师可以通过分组讨论让学生主动表达个人思考的结果，解释其思考的过程和选择的原因，并在一个开放性小组讨论中表明自我思考的过程，这有利于学生表达能力、逻辑能力、问题分析能力的提高。在小组讨论过程中，学生与教师互动，还可以提高他们与人沟通的能力。

3. 认真选择

教师可以结合所教课程的特点，认真选择课程学习的切入点，以帮助学生掌握知识点。旅游专业课程以实践与理论结合为主，因此大部分课程教学都可以案例分析和情景模拟为主，选择能引起学生思考兴趣的题材，贴近实际，帮助学生明确所选问题的关键，为学生进一步学习打下基础。

4. 有效沟通

在教学过程中鼓励沟通，可以培养学生清晰传达信息的能力。听众集中注意力既可以鼓励更多学生勇于表达观点，又可以让倾听的学生理解他人选择的心境。在友好的环境下，通过有效的沟通，教师可以了解学生的所思所想，根据学生特点不断调整教学内容和方法，从而提高专业学习兴趣，并加深学生对知识的掌握程度。

5. 采取行动

学生在选择之后，进行比较分析。针对前文提出的旅行社新产品开发这一问题，教师可以指导学生利用互联网或其他渠道，根据自己的选择，对不同的案例进行比较分析。如分析面对需求不断变化的旅游市场，各旅行社采取了怎样的产品创新策略、新的旅游产品是不是受到了市场的欢迎、有没有成功或失败的案例、成功和失败的原因在哪里，学生将实际与自己所思考的问题进行对比，找出不足之处，让学生对旅行社实际运行有切身的体会，为今后的实际工作打下基础。

1.2.3 主体性教育理论

主体性教育理论缘起于我国改革开放实践、反思传统教育和回归历史潮流的需要。近年来，我国教育界对教育中存在的"目中无人"的问题进行了深刻的反思，认为教育中存在见物不见人的现象，即忽视人作为社会、教育主体的存在，而是仅仅把学生当作社会工具来塑造，而没有把学生作为教育主体、社会主体来培养。在反思的过程中，人们要求确立学生在教学、学校、教育中的主体地位，主体性教育理论便应运而生。

主体性教育理论在教学实践中更多地倾向于"把课堂还给学生",充分发挥学生在教学中的主体性地位。旅游管理本科应用型理论课普遍具有自身的课程特色,它们的开设更多是为了培养学生解决旅游专业各领域实际问题的能力,而培养这种能力需要一定的知识高度、理论高度与思维高度。因此,这种类型课程的教学就更应该做到"把课堂还给学生",老师在课堂中不能仅仅局限于理论知识的灌输,而是要不断为学生创设情境,指导、规范、帮助学生在实践与讨论中锻炼思维能力,提升理论水平,培养解决实际问题的能力。基于以上教学诉求,旅游管理本科应用型理论课要实现三大转化:第一,由灌输式教学向启迪式教学转化;第二,由单一化教学手段向多样化教学手段转化;第三,由极端式评价向民主式评价转化。只有实现了教学过程中的这三大转化,该类课程的特色才能真正得以彰显,课程教学效果才能真正显现。

1.2.4 迁移理论

迁移(transfer)是指一种学习对于另一种学习的影响,是在一种情境中技能、知识和理解的获得,或态度的形成对另一种情景中的技能、知识和理解的获得,或态度形成的影响。学习迁移也可称为知识迁移,该领域一直是教育研究者和教育工作者所关注的热点,其前期的发展经历了形式训练说、共同要素说、概括说、格式塔关系转换理论及奥斯古德三维迁移模式。认知心理学派的兴起,为迁移理论注入了新的研究视角,在此基础上,迁移理论被进一步发展为认知心理的三种理论范式：图式理论、共同要素理论和元认知理论。而教学过程是知识迁移的过程，因而知识迁移可以划分为以下四个不同的阶段，即初始、接收、应用和融入。

　　教学活动是由课堂教学和实践教学两部分组成。以迁移理论中情境性理论视角来分析教学活动，课堂教学和实践教学都发生在特定的情境中，不同教学情境差异会造成不同的知识迁移效果。从教学情境的稳定程度看，课堂教学的情境是相对稳定的，实践教学的情境差异较大，但实践教学的情境差异会直接影响课堂教学成果的转化，其效果和实践教学情境的优劣密切相关。从知识迁移的过程看，知识迁移的初始阶段和接收阶段基本发生在课堂教学的情境下，初始阶段主要是教师对学生进行课堂知识的讲授，接收阶段是学生对教师课堂教授内容的理解和熟记，这期间知识迁移的情境是相对稳定的。应用阶段是学生在教师的辅助下对所学知识实战性的应用，而融入阶段是学生经过应用阶段的实战训练，良好吸收所学知识后产生的自发运用所学知识来解决实际问题的能力。这两个阶段主要发生在实践教学的情境下，实践教学情境的差异会直接影响学生对课堂教学内容的应用和融入，连续、优良的实践教学情境会有效促进课堂知识的转化，完成知识迁移的应用和融入。因此，实践教学的关键在于实践教学情境的设置和排列。

　　作为应用型本科专业，旅游专业本科生毕业时不仅应具有本专业扎实的理论基础，同时应熟练掌握一定的行业操作技能,但目前实践操作技能的缺失是限制旅游专业本科生就业的主要矛盾之一。从旅游专业本科实习的现状看,其实践教学因教学条件等原因的限制,除毕业实习外,相关课程实践教学偏于表象,属于"一"字形实习,即认识和扩展知识性的实习,如旅游资源等课程,学生抱着纯旅游观光的心态,将自己等同为普通旅游者,认为专业实习就是出去旅游,对相关实习内容没有深刻的认知。作为本科教学层级的旅游专业学生,不应仅满足于一般的旅游知识掌握,更不能仅是旅游服务者,还应该是旅游的组织管理策划者,具有超前的理念,为此应有相应的理论知识积淀和对问题深入的探讨,这需要在实践教学环节上从浅表向纵深延伸,完成"T"字形实习模式的深化,这一过程体现了符合知识迁移的规律,其成功的关键是实践教学情境的配合和连续。

1.2.5 情境学习理论

"情境学习"最早出现于美国莱夫教授和独立研究者温格在1991年出版的《情境学习:合法的边缘参与》一书中。最初情境学习只适用于成人教育,其核心为由从事具体工作的人们组成一个"实践共同体",人们在工作中学习知识,即"学徒制"。后来的许多研究者采纳了情境学习中学与用相融合的观点,将学校教育与情境学习进行结合,开发出了新的教育方式。情境学习理论的核心要素是在解决问题的真实情境中从事各种相关活动,如在学校教育中,让学生参与到真实的学习情境之中，这样学习活动就变成了以解决各种情境中的实际问题为中心的学习、提升自我的学习，可以极大地激发学生的学习兴趣并提高学习效果。

情景学习理论将知识分为显性知识和默会知识两种。其中，显性知识是一般理论知识，学习者可以通过阅读、查询等途径轻松获得。而默会知识难以计量或书本化，属于经验类知识，学习者只有亲自参与相关实践才能获得，如旅游管理专业学习中的旅游服务礼仪的标准站姿、坐姿、走姿；客房铺床；宴会服务中的摆台、上菜、斟酒、换盘等餐中服务等，都需要学习者亲自参与实践才能够掌握其中技巧。

1.3 教学方法

随着旅游产业的发展与完善，中国旅游业国际化程度的加强，旅游业从业人员的要求越来越高，其专业的替代性将越来越小，如何实现这样的跨越成为未来旅游业国际竞争的关键所在。旅游教育应表现为以下三个特征。

①厚基础，宽口径。体现旅游产业的综合性特征。

②前瞻性与适应性。体现我国旅游教育与发达国家旅游业接轨，并与中国旅游相适应。

③职业性与实践性。体现旅游教育与"产学研"相结合，并向广度和深度拓展。只有在教学实践中体现旅游教育的特征，才能实现旅游专业毕业生的不可替代性，从而避免"中间产品"的出现。

目前，国内旅游管理专业的教学方法主要有以下五类。

1.3.1 案例教学法

案例教学是在学生掌握了有关基本知识和分析技术的基础上，在教师的精心策划和指导下，根据教学目的和教学内容的要求，运用典型案例，将学生带入特定事件的现场进行案例分析，通过学生的独立思考或集体协作，进一步提高其识别、分析和解决某一具体问题的能力，同时培养正确的管理理念、工作作风、沟通能力和协作精神的教学方式。案例教学不仅仅是一种教学方法，更主要的是一种教育思想和观念的更新，它的实质应该看成是新的、实际的课堂教学模式的创新与实践。其涉及教学目标、教学内容、教学过程、教学评价、师生关系等一系列的变革，是一种创新性的教学实践，所追求的是一种新的课堂教学结构、新的学习方式。其目标是不以终端结果为满足，而在于使学生学会探索知识形成过程的规律，并发现新的生长点，发展并不断完善知识体系，真正达到巩固知识、培养能力、提高全面素质的目的，从而使教育质量得到提升。

在旅游管理专业运用案例教学，实质上是为学生提供把学到的管理理论知识用于管理实践的一个绝好的机会，可以有效地缓解学生接触管理实践少的矛盾。学生通过案例教学懂得了如何应用所学的理论知识，如何把管理原理应用到管理实践。通过案例教学所学到的知识不再是本本上的教条，而是活的知识和思考问题、解决问题的能力和方法。案例的介入，也充分调动了学生学习的主动性、积极性。

案例教学法的具体做法如下。

1. 根据教学目标制定案例教学的总体计划

教师需在开课之前制定一个详细、周密的案例教学总体计划。其内容包括：所教课程安排教学案例的总个数、每个案例实施的时间、每个案例使用的教材章节。

2. 根据教学的内容要求选用恰当教学案例

教学案例是根据授课内容收集的，选用时要因"课"而异，要根据教学目的要求选用恰当教学案例。选用的案例要紧扣我国经济发展的脉搏，反映世界旅游经济发展的动态，突出管理学的实用性。在选择时要注意案例的真实性、典型性和适用性，选择那些来源于管理实践的真实可靠、具有说服力的案例。

3. 根据案例教学方式的实施要求设计案例教学教案

（1）案例教学教案的设计内容。实施案例教学的教师应该为每个教学案例设计一个具体的教案，其内容应包括：案例类型、案例来源、向学生发放案例素材的时间、案例的讨论提纲、案例讨论的具体组织步骤、案例讨论过程中可能出现的问题及对策、案例讨论地点的安排等。

（2）设计案例教学教案对教师的要求。教师课前应熟悉案例内容并进行深入研究，了解与案例相关的教科书中某一章节课程总的结构；弄清楚通过对某个案例的分析，其目的要使学生学习和掌握哪些管理理念和技巧；准备好案例中可能涉及的相关知识；注意与其他教学手段的协调；介绍案例内容要讲究艺术性，吸引学生的注意力，激发学生学习的积极性和讨论的热情。

（3）课堂案例讨论的组织工作。教师在案例教学中的作用与其在传统的讲授教学中的作用一样重要，在组织学生认真讨论案例、做好讨论后的总结等方面起主导作用。在讨论中，教师应设法调动学生的主动性、积极性，充分展示自己的观察、沟通和决策能力，鼓励学生广开思路，积极发言，鼓励必要的争论和创新观点，使学生的课堂讨论、分析得以有序进行。

（4）课后交流工作。课堂讨论结束并不意味着案例教学的结束。有经验的教师往往会召集全班学生进行案例教学本身的讨论，征求在案例讨论中哪些地方需要改进，对教师的工作有哪些意见，对改进今后的案例分析和课堂讨论有哪些好的建议等。

1.3.2 行为导向教学法

行为导向作为一种教学模式，最早出现于20世纪80年代的德国，它以实践为导向，以目标为驱动，以学生为主体，以教师为主导，旨在培养人才的全面职业能力。在世纪之交，我国引入了"行为导向教学法"，真正意义上的试点工作是在21世纪初开展的。当前，随着我国学者对"行为导向"认识的加深，其主要教学方法逐渐被迁移至我国的基础教育和普通高等教育中。随着我国大学教育规模的不断扩大，越来越多的青年学子有机会步入大学校园的同时，对大学教育提出了更高的要求。为了使大学培养出来的学生能更好地适应社会发展的需求，应用型课程的设置便如雨后春笋般涌现。此类应用型课程与经济社会密切结合，是以培养应用型人才为宗旨的教育模式的产物，是强化学生的动手能力与创新能力的重要手段。它强调学生在具备知识的基础上，更注重能力与素质的提升，使学生具有处理日常事务、应对突发事件的能力。旅游管理类专业培养的学生主要服务于旅游及其相关产业，其课程的最大特色是与旅游市场紧密且有机的结合。这势必对旅游管理类教学提出了更高的要求，除了教会学生理论知识以外，要不断地加强学习应用实践能力的培养。因此，在旅游管理类学生的培养方案中应用型课程便成为高年级开设的主要课程，各种实务类、运营管理类、策划类的课程学习成为高等院校旅游管理类学生的主要学习内容。

1.3.3 情景教学法

情景教学法将教学内容的理论和实践结合在一起，设置了不同角色和不同情景，然后根据不同的情景提问，请学生根据现场变化做出反应，让学生共同讨论，并分配角色，提出不同见解，最后分析、总结、解决问题。这种理论与实践的思路以及这种教学模式可以激活学生的应变能力，使学生提早进入专业角色状态，特别适合旅游管理专业的学生。

1. 情景教学法的特点

（1）形象逼真。情景并不是实体的复现，而是简化的模拟，能获得与实体相似的形象，所以给学生以真实感。

（2）影响深刻。情景教学以生动形象的场景，激起学生的学习情绪和情感体验，通过教师的语言把情感寓于教材内容之中，在课堂上形成一个广阔的作用场。情景模拟教学倡导情趣和意象，为学生创设和开拓了一个广阔的想象空间，情景教学所具有的广远性能促进学生更深刻地理解和掌握教材，激发学生的想象力。

（3）知行融为一体。情景教学为了创设一定的教学情境，就要运用生活显示情境实物、演示情境、音乐渲染情境，并直观地再现情境、角色扮演、情境语言描绘情境等方法，把学生引入一定的情境和一组情境之中，使他们产生一定的内心感受和情绪体验，从而克服一定的困难和障碍，形成一定的志向，积极地进行练习，这样就能把知行融为一个整体。

在课堂教学实践中，情境教学法的应用可以分为表演体会情境、视频展现情境、生活引入情境等。

2. 表演体会情境

表演体会情境就是让学生扮演某个角色，在课堂上或实训中进行现场表演，提高学习的效果。如酒店大厅服务的案例设定可分为以下几个环节：电话预订——迎客——客房介绍——解答客人的疑问——客人入住——结账——送客。在每一个环节中插入一个案例，由老师或是其中的一位学生模拟客人向受训学生提问题。这些问题是客人经常问的或者是一些比较刁钻的问题，学生要使用规范、灵活的礼貌用语，规范的仪态礼仪，使客人感到亲切、满意。学生的某些回答不能令人满意，老师就请其他学生补充，最后总结出规范的用语和动作。经过模拟各个服务环节，学生们加深了对服务中出现的各种问题的认识，可以做到处事更加镇定、灵活、彬彬有礼。学生做得好的给予表扬，演示不规范的给予纠正，达到人人过关。在教学活动中，它顺应了学生的情感活动和认知活动的规律，利用角色效应，强化学生的主体意识，使学生从扮演角色到进入角色。在这个过程中，学生自身参与的情景模拟，一方面可以使学生从被动角色跃升为主动角色，在生动活泼的情景中提高学习的积极性；另一方面可以使学生成为学习活动的主体，使学习成为学生主动进行的快乐的事情。

3. 视频展现情境

视频展现情境就是利用多媒体教学技术的优势，通过对声音、文字、图形、图像、动画和活动视频等多种媒体信息的综合运用，再现课本中的文字内容，使学生身临其境，在轻松的氛围中更好地了解、掌握知识。在教授《导游业务》时，如果只是单纯地让学生背诵导游词，学生会感到书本知识枯燥乏味。因此，在教学中利用多媒体将讲述景点进行景象再现。视频中的优美画面和优雅的音乐，一下子就把学生带入了如诗如画的境界，使他们有身临其境之感。通过视频的情境演示，可把学生的认知过程、情感过程有机地统一到生动的教学过程中，创造出教学情境，将课堂教学引入一个崭新的境界，使课堂教学收到事半功倍的教学效果。

4. 生活引入情境

生活引入情境就是从生活中的某一典型场景引入课堂教学。《旅游礼仪》这门课的教学采用这种方法效果较好，因为礼仪知识多是和日常生活息息相关的。如在教授《商务谈判与礼仪》时，教师先以设问的方式要求学生举例说明生活中名片使用的场合及重要性，学生在思索问题的过程中对名片的使用方法产生兴趣。教师和学生在教学互动中理解名片的接受与递出的礼仪、名片制作的注意事项等。在学生了解了知识点之后，教师再让学生现场演示，进一步加深理解。在这一教学过程中，优化的情境使学生经历"目标关注——激起情感——知识移入——加深理解——知识弥散"的情绪发展和知识认知的过程，这种教学方法更贴近学生的日常生活，更易于学生理解和接受，可以使学生在一种"创造性的环境"中培养能力，进一步增强他们的知识实践运用能力。

1.3.4 项目教学法

项目方法是通过实施一个完整的"项目"，由学生在一定的时间范围内独立组织和实施工作的教学方法。项目具有一定难度，学生能运用已有知识、技能的同时，在一定范围内学习到新的知识技能，也解决过去从未遇到过的实际问题。例如，假设在学习导游带团实训的时候使用其中一个项目《模拟导游》，就可以运用项目教学法。项目要求是根据游客的旅游要求，完成旅游路线（食住行游购娱）的综合设计。教学时，教师先用一点时间交代学习（项目）任务，然后短时间内运用例子做简要示范，接下来大部分时间是学生以组为单位完成项目，到第二节课后半节，每个小组的演讲者展示设计作品与教师总结。这样的教学过程就是以学生为主体、教师为主导，因为人人在小组中都有任务，都有角色，所以大家学习积极性一定比较高。

项目教学法在旅游管理专业中的应用如下。

1. 情境要素

开展项目教学的第一要素是师生共同创设情境，调动学生原有知识和经验，这也是教师实施项目教学的主要任务之一。由于情境是与学生生活有关的真实事件或真实事件的模拟，不同的情境将引出不同的问题，带来丰富多彩的学习内容。

2. 任务要素

为了完成一个完整的项目，不要拘泥于课堂上的45分钟，而是要在一个单元的概念下设计学习活动，将割裂的学习课时逐步融合为一个整体的学习过程单元。因此，有必要打破一节课、一节课思考的备课程式，强调进行阶段（或单元）学习任务的整体设计和时间的整体安排。在学习活动设计过程中，根据课程的要求和学生的需求确立学习的主题，统筹筹划几节课、十几节课，以至在几十节课的学习任务中，把项目教学法和其他教学方法、各种类型教育技术和媒体组织在一个教学过程中。

3. 组织要素

小组合作或全班合作学习是项目教学法最常见、最有效的组织形式。采用合作学习的学习组织形式，能够有效地促进学生之间的沟通和交流，也有利于实现"角色扮演"。

4. 过程要素

项目教学法以学生对"任务"的原有知识经验和认知

结构为基础，规划整个学习的切入点；学习的过程不能局限于书、课堂、网络。学习过程的实质是模拟实施工程项目的过程。

5. 资源要素

资源的开发和设计是教师的一个关键性任务，根据项目学习对资源的需求，组织大量有效的"预设资源"和"相关资源"。这些设计也必须引导学生参与，或者在教师指导下帮助学生自己构建和组织资源。

6. 评价要素

学生的学习成果，其表达方式要提倡多样化。因此，对学生学习过程和效果的评价，也必须做到评价主体、评价手段和评价方法的多样性。因此，要努力做到根据不同的项目设计好评价方案，包括设计出不同的评价标准、评价方法和评价结果的表达方式。

项目教学法作为一种教学方法，是先进教学理念在教学中的体现，将其应用到旅游管理专业教学中能够帮助教师更新自己的教学观念和理念，树立以应用为主的教学思想，使自己的教学观念和教学思想能够跟得上现代职业教育发展的教学，解放思想与观念的滞后性。此外，作为一种教学方法，项目教学的应用能够丰富旅游管理专业教学方法，改变当前教学方法单一的问题，提高教学的成效性。可见，项目教学法的应用对于职业酒店与旅游管理专业具有重要意义。

1.3.5　PBL 教学法

PBL 教学法是 Problem-Based Learning 的简称，其历史渊源为古希腊苏格拉底、中国古代及西方近代的所谓"问题教学法"，是一种"基于问题式学习"或"问题导向学习"的自主学习模式。它以学生为主体，不像传统教学先学习理论再解决问题，而旨在通过提升学生在教学过程中的参与度，激发其求知欲，达到事半功倍的效果。PBL 教学法强调把学习置于复杂而有意义的问题情境中，让学习者以小组合作的形式共同解决问题，由此来学习隐含于问题背后的知识，从而促进他们自主学习及终身学习能力的发展。

PBL 教学模式是围绕问题而进行的系统的教学模式，其充分调动了教师和学生的积极性，经历问题设置、分组组建团队、围绕问题查阅资料学习、讨论和总结等过程。

1. 问题的设置

问题的设置是 PBL 教学模式的起点，是 PBL 模式的核心，问题的代表性、准确性关系到 PBL 教学模式的成败。设置的问题要既能关联相关的知识点，又能有助于学生解决实际问题能力的培养，引起学生的兴趣。因此，问题的设置应综合考虑以下三个方面的因素。

（1）问题与专业知识的关联性。这是问题设置过程中最关键的因素。问题必须能引出与旅游专业相关的概念原理。PBL 教学法不是为了设计问题而设计问题，设计问题的目的是为了引出所要学习的相关内容，以便能更好地完成课程目标。在设计问题时，首先要考虑学生需要获得的基本概念和原理，由此出发来设计要解决的问题。

（2）问题设置的系统性。PBL教学法强调发散思维、横向思维能力，但并不排除对于某一门学科知识掌握的系统性。相反，PBL教学法与传统教学法同样都最终强调对于学科知识掌握的情况，只不过方法和掌握的程度不同。因此，教师在进行问题设置时，首先应对于学科知识体系有全面的把握，然后进行分解、分类，最后才能进行问题设计。

（3）问题设置的可操作性。提出的问题要能够激发学生的学习动机，激励他们去探索、学习。这就要求在旅游教学中，所设置的问题应是与所学的理论息息相关，且最好与业界最新的发展动态相关，使得学生可以引用最新案例去回答和解决相关问题。

2. 学习团队的组建

目前一般普通院校的一个班级多以30～50人为多，PBL教学如果针对全班进行则效果会大打折扣。一方面，对于某一个问题，如果全班集体进行PBL教学，会耗费大量时间，且学生的回答也会有大量的重复，教学效率较低，效果较差；另一方面，PBL教学中，提出的问题应具有复杂性、关联性等特点，一个问题如果由一个学生独立完成则难度较大，且不利于学生间的交流和相互启发，同样也会影响教学效果。因此，需要根据自愿原则把学生组织成一个个小组，加强学习者之间的分工合作。根据问题的复杂状况，各组可共同努力完成某一任务，或各小组独立完成某一任务后，与其他小组共享信息。小组内各成员需要分工明确，以保证所有的学习者都有自主探索的机会。

3. 学习方式及过程

每个团队确定研究的问题后，通过互联网、图书馆、现场调查、咨询相关业务专家等方式获取和研究相关文献资料。同时，学生通过与小组其他成员的沟通、交流、讨论，以巩固所学知识、纠正错误认识，从而达到学习目标。小组成员通过沟通、交流，分析研究问题，使问题在争论、探讨的过程中得到解决。在解决问题的过程中，学习所涉及的相关理论和方法能为解决问题奠定基础。根据以上基础，整理完成解决某一问题的方案，呈交给任课教师，或者进行课堂答辩。这一环节是PBL教学的核心环节，是学生的具体学习过程。

4. 教师点评，学生总结和反思

在学生进行了充分自学、查阅相关书籍及小组交流以后，撰写解决问题的方案，各小组可利用不同形式、工具和技能（如课堂现场报告、情景表演、数学分析、图表等，教师和其他学生通过提问和质疑的方式参加讨论），来报告自己的结论以及得出结论的过程。最后，教师就学生争论的焦点、分歧最大的疑难问题进行点拨，最终获得每个问题的圆满答案，并做出单元总结，完善学生认知结构，使其掌握的知识具有一定的系统性。Problem-based Learning（PBL）是以问题为导向的教学方法，PBL所强调的不只是让学生解决问题，而且要让他们理解问题背后的关系和机制。这种过程不仅是学生回答具体内容的过程，同时也是学生从中学习、锻炼交流和表达、辩论技能的机会。根据学生形成的方案及汇报、答辩的状况，教师则有针对性地对解决问题方案及过程进行总结和评价，指出方案的成功之处，同时点出方案欠缺的方面及可以继续挖掘、深入的方向。小组各成员在教师的引导下对自己的学习过程进行自我反思和评价，总结所获得的知识和技能，完善和修改方案，最后提交给教师。

第 2 章
国内外应用型人才培养模式研究现状

2.1 国内应用型人才培养相关问题研究

学者对国内应用型人才培养的研究主要包括以下几个方面。

2.1.1 应用型人才培养模式内涵与特征的研究

贺金玉提出,新建本科院校应本着"以人为本、因材施教"和"多向选择、分流培养"的原则,培养专业基础扎实、实践能力突出的应用型人才。

潘慰元对应用型人才培养模式的发展历程及内涵进行了较为详细的论述,认为,应用型本科人才培养模式的特征是以应用型本科人才培养为目标,以需求为主导建设学科专业,以应用为导向构建课程体系,以产学研结合为主要培养途径,以行动为导向指导教学方法,以能力为取向进行教学评价。

陈正元认为,应用型本科院校的发展目标应以"多科性、应用型和开放式"为主。胡璋剑对应用型人才培养模式的基本内涵、特点进行了论述,认为,应用型人才培养模式应该体现基础性、应用性、实践性、市场性以及发展性的特点。

2.1.2 应用型人才培养模式创新的研究

孔繁敏介绍了几种典型的应用型人才培养模式,这些模式分别以教学运行模式的改革、人才培养定位的特殊性以及人才培养的途径和方式,以改革为创新点,重塑应用型人才培养模式。聂邦军、王芙蓉提出了以与社会合作开办"强化班"的模式加强应用型培养的做法。钱国英认为,当前应用型人才培养模式的创新主要有以下几个突破点:基于培养理念,基于学科专业、培养目标、培养体系、培养途径创新和培养机制的创新。蒋胜永提出"形成校内培养与产学研合作培养并举的二元培养体系"等。

2.1.3 应用型人才培养模式问题及对策的研究

隋志纯等分析了当前高校本科人才培养存在的问题,如课程设置简单、教学方法单一和缺乏实践基地等,并针对这些问题提出了相应对策。卢美丽认为,应用型本科院校普遍存在人才培养定位不明、专业建设滞后、师资力量不强等问题并根据这些问题提出了提高应用型本科院校人才培养质量的若干举措,如更新教育观念、提高专业应用性和优化师资结构等。

2.1.4 应用型人才培养模式构建途径的研究

范巍提出了"厚基础、宽口径、重应用、多方向"的课程思路。杨春生、李军在《学以致用多元发展——应用型本科高校的办学指导思想与人才培养模式的探讨》一文中提出，应用型高校应确立学以致用的办学指导思想和高起点、低重心的人才培养目标，通过优化教学内容、教学模式、课程体系、教学方法等手段构建本科应用型人才的多元培养模式。孙德彪认为，实践性应用型人才培养模式构建的关键是突出能力培养应以强化实践能力为导向，抓好课程体系、实践基地、制度保障和师资队伍等方面的建设。汪应禄提出了以"市场需求"为准则，以"能力本位"为取向，以"课程开发"为根本措施的应用本科院校课程体系建设的策略。

总体而言，应用型专业人才培养模式在中外有所不同，但也有共同的特点，就是要求学生在掌握必备的理论专业知识的基础上，要求学生掌握必备的专业技能，具备更强的应用能力。

2.2 国外应用型人才培养问题研究

关于国外高校经济与管理类应用型人才培养模式的研究逐步得到广泛关注，李红卫在《从国外经验看我国校企合作发展》[1]一文对新加坡、日本、德国、澳大利亚、法国校企合作的内涵、模式、优势以及必然性等方面进行了研究分析。冯研在《对国外发达国家产学结合人才培养模式

---

[1] 李红卫，李西凤. 从国外经验看我国校企合作发展[J]. 中国高校科技，2011(09)：40-41.

的思考》[①]一文从国外发达国家的企业人才需求形式和政府的引导培养模式出发，分析了发达国家产学结合人才培养模式的特点和成功经验，阐述了在外国工业化生产背景下的政府、企业、学校的三元化交流模式的良好运作机制以及该机制对企业和社会起到的积极作用。马春光在《国内外物流人才培养模式比较研究》[②]一文中通过分析日本、欧美等发达国家物流人才培养模式、课程设置及其特点和发展趋势，并结合我国的物流教育现，对我国物流人才的培养模式提出，物流人才培养不仅要与时俱进，还要以人才需求为导向，与世界接轨，更要重视科研成果在教学中的应用，重视师资队伍、教材和课程建设，同时还要重视实验室、校外基地和现代技术手段的建设。张美丽在《国内外应用型本科经管类人才培养模式比较》[③]一文中，对国外应用型本科人才培养模式的特点和经验进行了分析，通过对国内外应用型本科经济管理类专业人才培养模式进行比较分析，进一步解决当前我国高校在人才培养中遇到的问题，不断优化应用型本科经管类专业的人才培养模式。

傅维利在《国外高校学生实践能力培养模式研究》[④]一文中分析，国外在提高大学生的实践能力方面积累了许多成功的经验，其基本培养模式包括：关注学生实践能力增长的课堂教学模式、见习实习模式、产学合作模式、合作

[①] 冯研. 对国外发达国家产学结合人才培养模式的思考[J]. 教育研究, 2009, (8): 169-170.
[②] 马春光. 国内外物流人才培养模式比较研究[J]. 沈阳工程学院报, 2013, 9(3): 351-354.
[③] 张美丽. 国内外应用型本科经管类人才培养模式[J]. 现代商贸工业, 2014(12): 95-96.
[④] 傅维利. 国外高校学生实践能力培养模式研究[J]. 教育科学, 2005(1): 52-56.

教育模式、社会服务模式，以及生活磨砺模式等。石丽敏在《国外校企合作办学模式的分析与研究》[①]一文中通过介绍国外职业教育校企合作的一些典型模式，加以分析比较，以探求我国如何进一步推进职业教育的校企合作。杨文斌在《国外著名大学本科人才培养模式特征分析及经验》[②]一文中选取了伯克利加州大学、牛津大学、东京大学、柏林工业大学这4所国外著名大学作为分析样本，基于创新的视角，从目的、内容和方法三个方面研究分析了它们在人才培养模式上的做法和特点，在此基础上提出了改进我国高校创新人才培养的若干建议：以培养目标为导向，制定创新人才培养方案；以课程为核心，构建科学合理的教学体系和内容；以程序为保障，改进教学方式方法；以实践为关键环节，强化创新创业的教学过程。吴慧在《韩国高校人才培养模式的主要特征及其启示》一文中探索了韩国高校在人才培养模式上的成功经验：以学生为中心进行弹性培养，以社会需求为导向设置课程，以能力培养为重点实施教学，以人文精神为引导、丰富学生生活等，这些经验可以为我国高校所借鉴。程建芳在《借鉴国外经验强化应用型本科教育实践教学》[③]一文中强调国外实践教学突出能力培养，校企合作给学生提供广泛的实践训练条件，其教师队伍建设强调工程经验，并提出借鉴国外成功经验，

---

① 石丽敏.国外校企合作办学模式的分析与研究[J].高等农业教育,2006(12):81-84.
② 杨文斌.国外著名大学本科人才培养模式特征分析及经验[J].高等理科教育,2012.
③ 程建芳.借鉴国外经验强化应用型本科教育实践教学[J].中国高等教育,2007(7):54-55.

将职业资格证书教育纳入我国应用型本科教育，开展多样化合作教育，强化实践教学的建议。

刘阿娜在《借鉴国外商务人才培养模式，促进城市经济可持续发展》①一文中以河北省廊坊市为例，总结商务人才对城市经济可持续发展的重要性，分析国外城市经济可持续发展中商务人才的培养模式，并提出促进城市经济可持续发展的商务人才培养对策。查吉德在《美国大学社会服务功能的实现策略》②一文中分析美国大学为充分实现社会服务功能，采取了一系列行之有效的策略，其中包括科研成果转让、培养学生的社会参与意识和能力、发挥教师的专业特长、建立良性合理的社会服务系统等。刘碧强在《英国高校创业型人才培养模式及其启示》③一文中提出自20世纪80年代以来，英国高校掀起了从"研究型大学"到"创业型大学"演变的第二次学术革命，创业型人才培养模式变革卓有成效。

近年来，我国高校创业型人才培养改革进展顺利，但也面临一些问题，因此有必要学习和借鉴英国高校先进的创业型人才培养经验，与时俱进，加大我国高校创业型人才培养模式的改革力度。职正路在《中美大学工商管理本科教育课程实施比较》④一文中通过对中美大学工商管理

---

① 刘阿娜.借鉴国外商务人才培养模式促进城市经济可持续发展[J].中国商贸,2007(7):236-238.
① 查吉德.美国大学社会服务功能的实现策略[J].现代大学教育,2002(47):107-111.
② 刘碧强.英国高校创业型人才培养模式及其启示[J].高等教育管理,2014,8(1):109-115.
③ 职正路.中美大学工商管理本科教育课程实施比较[J].当代经济,2016(12):100-101.

本科课程的比较研究发现，中国大学工商管理本科教育存在诸多的不适应性，必须改革相应课程，使课程真正着眼于培养学生的学习能力、应变能力、适应能力、人际沟通、协调和创新能力，使学生具备发现、分析和解决实际问题的才干。陈晓芳等在《中外高校会计本科人才培养模式比较研究》[1]一文在介绍国外本科会计人才培养模式的基础上，基于培养模式各要素深入分析比较中外不同人才培养模式，借鉴国外会计人才培养模式，对我国高校会计本科人才培养模式的发展趋势做出了预测。梁东在《国外高校经管类专业实践教学校企合作模式的研究》[2]一文中对我国高校经管专业实践教学的现状进行了反思，在借鉴国外高校经管专业实践教学的校企合作模式基础上，有针对性地提出我国高校经管专业开展校企合作实践教学的思考。

2.3 旅游管理应用型人才协同培养模式问题研究

从 20 世纪 90 年代以来，就旅游管理专业本科人才培养模式，国内一些学者从培养方向、课程体系等方面进行了研究，认为高校旅游管理应按照管理类学科的培养目标和人才培养模式，培养"宽口径、厚基础、强能力、高素质"的旅游创新人才[3]，明确人才培养目标，提升旅游管理专业人

---

[1] 陈晓芳，翟长洪，崔伟. 中外高校会计本科人才培养模式比较研究[J]. 财会通讯，2008(05):122-124.
[2] 梁东在. 国外高校经管类专业实践教学校企合作模式的研究[J]. 社科纵横，2009(1):74-75.
[3] 林刚. 管理类学科中旅游管理专业的教学内容及课程体系初探[J]. 旅游学刊，1998(12):66-69.

才培养质量[1],进行旅游管理专业"三位一体"人才培养模式探析[2],构建应用型人才培养模式[3],借鉴德国应用大学模块化教学培养应用型人才[4],比较分析中外高校旅游人才培养应用型人才培养模式[5]等,试图解决高校旅游管理专业人才培养中存在的问题,为高校旅游管理专业的未来发展提供了建议。

随着"大旅游"时代的到来[6],旅游业的发展对承担着培养中高级人才的本科教育提出了更新、更高的要求。同时,旅游本科人才培养方面所存在的问题便愈发凸显出来[7]。旅游管理专业本科毕业生在本行业内就业的人数一般在10%～20%之间,两年后仍在旅游企业工作的不足20%[8]。旅游行业对人才的需求特点与高等教育体制所设定的人才培养模式二者间存在矛盾[9]。如旅游从业人员总体诚信教育不够,旅游投诉大部分源于诚信方面的问题[10]。

---

[1] 周霄,马勇,刘名俭. 高校旅游管理专业应用型人才培养创新模式系统构建研究[J]. 现代商业,2012(9).
[2] 刘芬,盛正发. 旅游管理专业三位一体人才培养模式探析[J]. 湖南商学院学报,2008(3):53-55.
[3] 翁鸣鸣. 旅游管理专业应用型人才培养模式探讨[J]. 旅游学刊,2010,(10):179-181.
[4] 张涛. 德国"双元制"职教模式对我国中等职业教育发展的启示[J]. 职业技术,2010(5):18-19.
[5] 王天佑,李丽红,田雅娟. 中外高校旅游应用型人才培养模式比较分析[J] 技术与创新管理,2013(3):272-272.
[6] 杨卫武. 论大旅游格局下的旅游高等教育[J]. 旅游科学,2010(5):8-16.
[7] 刘雁. 我国旅游管理本科人才培养模式研究新探索[J]. 社会科学战线,2014(2):275-276.
[8] 郭倩倩. 本科层次旅游管理专业学生就业现状及对策研究[J]. 桂林旅游高等专科学校学报,2008,19(3):469-472.
[9] 保继刚,朱峰. 中国旅游本科教育萎缩的问题及出路——对旅游高等教育30年发展现状的思考[J]. 旅游学刊,2008,23(5):13-17.
[10] 石芳. 以诚信为核心的旅游伦理价值体系的构建[J]. 天水师范学院学报,2011,31(1):141-144.

第 2 章 国内外应用型人才培养模式研究现状

在新形势下,旅游管理本科人才的培养开始关注创新能力。邹亮、曹洪珍[②]试论旅游管理专业的创新创业教育,提出了创新创业教育课程改革的思路。王健(2012)认为旅游产、学、研的结合需要从理论和实践的结合上深入研究三者之间的逻辑关系和运作机理,探索一条科学合理的思路,以促进中国旅游事业的健康可持续发展。与此同时,随着产学研、校企合作等人才培养模式的发展,显现出人才培养与企业需求错位的现象。针对用人单位需求,张念萍[②]提出通过共同制定人才培养方案,全面提高应用型本科旅游管理专业人才的综合能力。以适应旅游业发展的新趋势及其对人才培养的新要求,而旅游本科教育要重视体验式教学与研究性学习、强化实践教学环节、培养创新性旅游管理人才,旅游实验教学中心有利于激发学生的创新意识,实现人才培养与市场需求的零距离。[③]

[①] 邹亮,曹洪珍.试论旅游管理专业的创新创业教育[J].创新与创业教育,2014(4):42-44.
[②] 张念萍.应用型本科旅游管理专业人才培养方案分析[J].亚太教育,2011,30(8):155-156.
[③] 赵新建,张小红,章牧.面向本科与研究生协同的衔接性实验教学体系[J].实验室研究与探索,2011,30(8):282-286.

第 3 章
探索思路与实践研究

本研究与实践立足实际，定义了应用技能型人才的目标内涵，对旅游管理应用型人才协同培养模式进行了探索。

本成果确立了"培养具有创新精神和实践能力的应用技能型人才"的目标定位，并加强创新应用型教育研究，改革人才培养模式和机制，积极探索"始了解、中实训、末实习"的校企合作，协同培养旅游管理应用型人才培养模式，构建培养创新应用技能型人才的有效途径，建立起与其相适应的创新人才培养体系，致力于为社会培养出一批专业知识扎实、掌握专业技能、实践能力强、综合素质高、发展潜力大的应用技能型本科人才。

3.1 探索思路

我们的总体思路是，既要保证学生具备应有的专业知识，又要掌握应用技能，满足社会需求，创建开放式的校企协同培养的人才培养机制。

创新能力和实践能力是高素质人才必须具备的重要方面，因此，培养学生的创新能力和实践能力是我们的重要目标。为此，经济管理系确立了校企协同培养的创新人才培养理念，实现优势互补、资源共享，让学生将在校所学理论知识与企业实践相融合，培养学生成为应用技能型人才。

3.1.1 校企共同制定人才培养目标

校企协同人才培养目标的确定应该由高校和企业共同制定完成。企业将未来发展对员工的需求反映到人才培养中，以制定准确的人才培养目标。而作为应用型本科院校，理应为国家和社会培养高素质的应用人才，因此，我们将与企业共同制定，以培养学生的创新精神和创新能力为核心培养目标。

3.1.2 校企共建教学体系

课程体系的建设是培养目标得以实现的基础。在传统的教学中，教学内容陈旧、教学方法单一将严重地阻碍学生实践能力和创新能力的培养，且传统课程结构只把目标放在培养学生的知识框架上，针对性不强，培养的学生不能达到企业的要求。因此，课程体系的建设应该由高校和企业共同参与。

3.1.3 校企共同实施培养过程

积极探索和推动校企协同培养的人才培养模式，了解企业和市场需求，搭建校企协同对接和沟通的平台，共同培养专业、职业型人才，实行资源共享。企业为应用型高校搭建实习平台，应用型高校成为企业的技术研发合作与人才培养基地，双方共同打造"合作、互动、共赢"的校企协同综合平台。同时，这种校企协同教育通过集合双方各自的优势来共同培养企业、社会所需人才，对企业与高校的育才机制以及对社会公益贡献有着重大的意义，而资源共享也使企业的科技创新以及企业求人、育人机制方面发展到了一个新的高度。

3.2 实践研究

按照改革的总体目标，结合应用技能型人才培养的内在规律和核心要素，我们拟定了以下具体改革内容。

3.2.1 实行多元一体的人才培养方案

制定与指导思想、建设目标相适应的应用技能型人才培养方案，是全面深化改革的首要环节。按照社会主义市场经济、区域经济建设和社会发展的需要，坚持"以用为本、为现实服务、供需对口的适用型"的人才培养思路，我们拟在充分调研的基础上探索以专业理论知识为基础，以能力为主线，知识、能力、素质协调发展的多元一体的人才培养方案，满足个性化人才培养的需要；注重全面素质教育，强化学生的动手能力，重视创新与创业能力的培养，实现知识、能力、素质的协调发展，提高学生的就业能力。对专业人才培养方案进行调整和修订，实现素质教育与专业教育相结合，课堂教学与实验教学相结合，个性发展与实践能力提高相结合。计划将人才培养方案分为"专业培养方案"和"素质拓展方案"两大模块，构建由公共基础课平台、专业基础课程平台、专业方向平台、专业拓展模块和实践教学平台组成的课程体系。

3.2.2 建设双师型教师队伍

毋庸置疑，拥有一支具有创新思维的双师型教师队伍是民办高校的强校之本。我们将借助企业的力量，加强对现有教师在实践环节和工作技能方面的训练，采用"走出去、请进来"的方式，一方面聘请国内外知名企事业单位具有丰富实践经验的企业家、管理者为兼职教师，定期或不定期来校讲学，让具备实战经验的管理者和实践技能丰富的人士走上讲台；另一方面积极创造有利条件，采取多种形式的企业挂职进修，大力培养"双师型教师"。刚参加工作的老师，采取"跟班式"挂职锻炼，老师与学生一起进企业参与专业实习；讲师及以上职称的青年教师，每年暑假及寒假，根据实习单位需要安排一个月左右的调研式挂职锻炼；专业骨干教师在深度合作的企业安排适当的职位，由企业相关人员指导，进行挂职锻炼，突出理论与实践相结合的特色，增强青年教师的实践教学能力。

3.2.3 全面优化课程教学体系

科学合理的课程体系是实现培养目标、提高人才培养质量的关键所在。旅游管理专业是应用性、实践性极强的专业，基于应用型、创新型人才的目标培养定位，课程体系既要遵循高等教育教学的发展规律，还要适应社会对人才的客观要求；既要训练学生掌握操作技能，还要为他们的职业经理人生涯和今后更广阔领域的发展奠定坚实的学科理论基础。

1. 理论课程体系的设置

（1）围绕培养"以就业为导向的应用技能型"人才培养的总体目标，按照"优化基础、强化能力、提高素质、全面发展、注重创新"的改革理念，我们将根据培养目标，编制教学计划、教学大纲，做好教材选用工作，在此基础上，与企业共同修订和评审。

（2）在细化经管类人才必备能力和素质的基础上，以教学内容为主线，构建"平台+模块"的课程体系，形成素质能力模块，实施模块化、层次化教学，培养学生的行业素质，特别是职业意识、职业态度和职业能力。其中，"平台"由公共基础课、专业基础课程构成，体现管理类专业人才培养的共性，体现"厚基础、宽口径"的特点；"模块"由专业方向课、专业拓展课和第二课堂构成，体现个性培养、专业方向人才的分流培养。我们将通过认真研究各门课程内容之间的联系，提高课程的系统性，同时注重课程开设的先后顺序，考虑课程教学和职业资格证书考试的有机衔接，提高学生对课程内容的理解能力。

2. 实践教学环节的设置

（1）建立专业综合实训室。各专业对学生的实践技能有很高的要求，在进行学生实践能力培养的过程中进行大胆尝试。在企业的协助下，开设一些具有一定的综合性和创新性的实验和实训课程来打破理论与实践之间的障碍，促使理论与实践紧密结合。

(2) 构建实践教学新体系。应用型人才培养模式强调，培养高素质应用型人才必须从重视学生实践能力的培养着手，通过教学设计实现实践教学环节，突出学生实践能力的培养。将教学实践、生产实践、技术实践、社会实践和科研实践有机结合成一个完整的体系，与理论教学有机结合，相互渗透。将常规实习与顶岗实习相结合，加强实习实践基地建设。

(3) 开设第三学期。将第二学年和第三学年之间的暑假称为第三学期，运用第三学期安排学生进行顶岗实习，如果有特殊情况可以适当调整实习安排。为了让学生充分参与到企业实践中，教师在教学过程中更加注重学生核心技能的培养，也会将下一学期所要学的内容提前渗透给学生，因而使学生在实践中先对这些内容有一个感性的认识，这样做不仅增强了学生的实践能力，也提高了学生对新知识的理解能力。这种学习与实习相互交替，创新的"交互式"的实习方法弥补了传统的"3+1"的教学模式的不足，能使学生更好地将所学知识运用到实践中，同时，学生将实习过程中遇到的问题带回课堂，由同学和老师共同解决，也使教师的能力和学生一起得到提升。

3.2.4 加强教材建设

教材是教与学的载体和主要内容，选用科学、合理的本科教材直接关系到本科学生对该学科基本知识基本理论的系统掌握和科学知识结构的形成。我们将在教材选定上坚持先进性原则，明确要求任课教师选用教材应本着权威性、适用性及先进性的原则，优先选用 21 世纪教材或国家或省部级推荐的近三年出版的教材，并以此教材为基础，结合教学实际，建成由纸质教材、电子教材、网络课件、试题库和辅助教材等构成的立体化教材体系。同时积极鼓励、支持教师和企业根据实践经验并针对学生能力和水平自编教材和讲义，配合统编教材进行教学。

3.2.5 构建立体化教学方式，实现教学手段多元化

大学教育正在由应试教育向素质教育转轨，应该尊重认知规律和新时代学生的学习能力和学习兴趣，加强学生自主学习能力和思维能力的培养。通过各种手段、方法使学生学会认知，学会做事，学会发展。根据管理类学科特点，综合运用"案例教学法""无领导小组讨论法""情景模拟教学法""项目教学法"等教学方法，确定学生的主体性，激发其创新意识。通过"任务筐"和"问题引导"，使学生可以综合运用所学的知识，解决实践中的问题，完成相关任务。

3.2.6 强化实践教学环节，注重创新能力培养

要高度重视实践教学体系建设，建立专业认知实习、实验教学和专业实习、第二课堂四个层次的实践教学平台，着重培养学生的基本技能。

创新能力来源于宽厚的基础知识和良好的基本素质，

要挖掘学生的潜在能力，激发他们学习的激情，培养学生的创新能力。

3.2.7 建立全面的教学效果评价制度

1. 强化教学质量管理和监督工作

依据培养目标制定教学质量标准，实行教学检查制度、教学督导制度、教学工作评价制度，不断完善教学质量监控体系，加强对每个任课教师的教学质量管理。

2. 校企共同建立教学效果评价制度

校企共同建立教学效果评价制度，并有效执行。学校对学生进行毕业综合考核时，邀请企业高技能人才和专业技术人员参与。学校建立用人单位满意度调查制度；制定毕业生跟踪走访制度，了解毕业生的岗位适应情况。建立企业评价学生职业能力制度，在学生毕业一年后，由用人单位对毕业生进行考核及评价，并给予反馈。

3.3 创新点

探索了校企合作、协同培养的人才培养模式，构建了"始了解、中实训、末实习"的人才培养教学体系，认真实施教育教学改革的尝试，该模式的实践又带来了一种全新的教育理念：提出了新的教育教学质量观和人才观，并提出了确立和建设校企两个育人主体、两种育人环境的理念。

3.3.1 "始了解、中实训、末实习"模式的总体框架

"始了解、中实训、末实习"模式是由三个系统组成,即运行系统、评价系统和保证系统。运行系统包括培养目标和指导思想的确立、选择合作单位、签订合作办学协议、建立合作教育组织、建立兼职教师队伍、联合设计教育教学方案、实施教育教学等环节。评价系统包括过程评价(方案、实施)和最终评价。保证系统是由思想保证、组织保证、条件保证和机制保证组成。

3.3.2 "始了解、中实训、末实习"模式的内涵和指导思想

学院以培养应用型、技能型人才为目标,力图实现"始了解、中实训、末实习"模式。从内涵上讲是指四年教学,全程以学校组织为主线,以企业运作、专业技能实践和能力的提高嵌入式协同培养。其本质特征是在校企两个育人主体的培养下,使学生真正成为掌握理论和技能相结合的应用型技能人才,使所培养的人才尽可能地满足社会的需求。

3.3.3 "始了解、中实训、末实习"模式的具体内容

"始了解、中实训、末实习"模式改变了传统的办学方法,在专业人才培养过程中,采用"始了解、中实训、末实习"企业全程参与培养的模式,具体来说:在学生入学的时候,学院进行专业"双介绍"的同时,即一方面由专业教师

进行专业介绍，另一方面由企业人员进行相应行业、就业方向等方面的介绍；第一学年的第一学期到企业进行至少为期两天的实地考察和了解，一方面加深对专业的理解，另一方面了解相关企业的运作；第二学年第一学期到企业进行为期两周的专业技能实训；第二学年结束前，利用第四学期后一个月、暑假时间及第五学期第一个月共 20 周的时间到企业进行专业技能训练和岗位实践，我们将这段专业实习的时间称之为"第三学期"；第八学期进行毕业实习。

第 4 章
独立学院旅游管理应用型人才协同培养模式探索

在我国明确要求将全国普通高等院校一半转向职业教育的前提是，独立学院的人才培养模式改革与定位关系到其发展方向，各独立学院也试图对其人才培养模式进行定位。独立学院旅游管理应用型课程体系、教学管理模式、技能培养模式及评价体系视角及其实践构建技能应用型人才培养模式。

独立学院是我国高等教育办学模式与创新的重要成果，以公办大学教育资源与社会资本相结合的方式，在扩大高等教育资源及高等教育大众化等方面起到了积极的作用。独立学院的教育模式既有别于公办本科教育，也不完全与高职教育相同，培养技能应用型人才是目前独立学院教育模式的重要内容。

面对我国社会经济的快速发展，我们学院以培养高技能应用型本科专业人才为目标。针对独立学院应用型本科专业在人才培养模式方面存在的问题，本研究以广东海洋大学寸金学院（以下简称"寸金学院"）为例探索独立学院旅游管理应用型人才协同培养模式，提出应用型本科专业人才培养模式的构建与实践，应该从课程体系、教学管理、技能培养、质量保障与评价体系等方面来完善培养模式。

4.1 本科专业应用型人才培养模式存在的问题

独立学院的出现，提供了更多本科层次的高等教育优质资源，实现了高等教育办学主体多元化，发挥了其他教育形式不可替代的重要作用。然而，目前很多独立学院由于受母体高校办学理论、教育教学及旧观念的影响，目标定位不明确，没有长远的发展规划和明确的培养目标，长此下去，只会严重制约独立学院的发展。因此，为了保证独立学院健康、可持续的发展，必须构建一个具有独立学院自身特点及发展要求的人才培养模式。

我国当前的教育模式趋于大众化，所培养的人才在理论知识上比较深厚，但在实践技能、工作适应力和解决实际问题等方面离社会的要求还有比较大的距离。为了适应当前教育背景下的社会需求，也为了适应教育主体的需要，创新教育教学模式是主要途径之一。教育的过程并不是仅仅传授知识，不能像车间里的生产流水线那样培育人才。创新教育教学模式主要体现在"创新"二字上，这就要求在教育模式上不能千篇一律、一成不变，而要既适应社会对各类人才的需求，也要适应教育主体的需求，因为每个学生的接受能力和兴趣爱好大相径庭。因此，在本科教育阶段，对于需要大量培养应用型人才的独立学院而言，人才培养的模式更要勇于创新，不能一味局限在传统教育模式下，要深入研究、大胆实践，将其作为当前的一个重点课题来加以研究。

虽然独立学院与普通本科院校都处于本科层次，但是两者培养出来的学生在自身状况及其他方面都存在差异。同时，由于社会对人才的需求具有多样化的特点，导致了两者对人才的培养模式也存在着各自的特点。目前，独立学院的人才培养模式大致可以概括为以下几种。第一种是照搬照抄母体的模式。无论是在专业设置、教学计划等方面还是在设置人才培养目标方面都是把母体高校的做法直接照搬过来，这样的独立学院实际上就被打造成为本部变相高价招生学生的途径。第二种是部分改造模式。这种模式与第一种大致相同，基本上还是把母体高校的做法照搬过来，只不过在局部稍微做些改造。比如在课程设置方面或者是教学手段方面进行微调等。第三种是降级培养模式，也就是在过于注重市场要求的情况下，盲目地把本科人才培养的基本要求降低，按照高等职业学校的人才培养模式来组织教学，通过挤占职业学院的市场来谋得生存。上述这三种模式，无论是哪一种都忽视了独立学院自身的特殊性，都会迷失独立学院人才培养的目标。目前，我国独立学院应用型本科专业人才培养模式存在的问题主要包括以下几个方面。

4.1.1 专业设置过于传统化

由于受到传统教育模式的影响，独立学院在专业设置方面还需要进一步的调整和优化，主要存在以下五个方面的问题。

（1）独立学院过于依附母体高校，生搬硬套本部的专业设置，或者照搬其他普通高校的专业设置，从而导致缺乏自身的特色。近些年来，许多学院都在进行扩建扩招，没有进行市场调查，就盲目地增设了许多新专业，有些新专业对于市场需求来说可有可无，而有些已经开设的专业早已经不适应现代社会的需求，这样一来，就导致不少专业的学生存在就业困难。

（2）有些专业划分得过于细致，导致学生的知识面狭窄，思考问题不全面，思维方式单一，当真正步入社会之后，不能较快地适应工作环境，缺乏创新能力。

（3）大多数独立学院缺乏对专业设置及维护的管理办法，导致专业建设规划的思路不清晰。

（4）有些学科的专业设置不合理，没有找到准确的定位。在没有对市场需求进行深度分析的情况下，就盲目地设置了专业，忽视了学生的长远发展，从而导致学院学生就业压力大、就业困难的现象，同时，有的学院一味地追求市场所需的热门专业的建设，缺少了自身的品牌专业，如市场急需的高科技类、技术应用类等专业就没有得到充分的发展，导致学生存在潜在的结构性失业。

（5）大部分独立学院缺乏能够体现自身特色的专业，以及重点建设的专业，各专业设置的作用没有得到充分发挥，不能体现出重点专业与其他专业相比的示范性作用。

4.1.2 培养方案过于依赖母体学校

独立学院设定的人才培养方案一般都依附于母体学校，没有或缺少自身的调研论证和针对应用型人才培养目标的优化完善，导致没能形成体现出独立学院特点的科学的、结构优化的人才培养体系；专业课程的设置基本上都是母体模式的压缩版，缺乏适合应用型人才培养的创新型课程；有些独立学院还缺乏对人才培养的执行力，对随意改变培养方案的行为和现象，没有及时地进行监督和检查，缺乏对其实施情况的必要管理和保障制度，导致教学任务不能按时高质地完成；有的学院没有充分了解市场对应用型人才的需求，没能正确认识到理论与实践、基础课程与专业课程、培养目标与课程设置之间的关系。

4.1.3 课程体系不完善

应用型人才的培养模式与构建关键在于设置科学的课程体系。这种课程体系是能反映出实践性的教学思想，并是一个能够体现出相对集中专业理念的具有开放性、动态性的体系结构。大多数独立学院并没有形成这种清晰的培养学生应用能力的课程体系，对于应用型人才所必备的能力及能力与知识间的对应关系还非常模糊，拿捏不准。有些独立学院虽然根据自身的特点制定了人才培养方案，但是这些方案并不能真正地贴近学院的实际，不完全符合学生的特点。在课程设置方面，基本还是在沿用传统的三段式结构，即：基础课、专业基础课和专业课。专业课基本上都放在大三学习，所占的比重非常大，所以出现了上课时间远远大于自学时间的现象，使得部分学生的创造才能受到抑制，不能更好地发展自身的兴趣爱好。同时，大多数独立学院的实践技能训练都是在学完专业课的最后一学期进行，而不是在学习过程中进行实践，因此不能很好地把理论和实践结合起来，导致部分学生在实践的过程中根本用不上所学的知识，或者是当要用到理论知识的时候已经忘记一大半了。

4.1.4 师资队伍比较薄弱

独立学院的师资队伍主要来自于学院自有的教师、母体高校的教师和外聘教师。大多数独立学院的自有教师所占的比例非常低，独立学院的外聘教师和自有专职教师的结构存在着严重的比例失调，再加上自有教师队伍缺乏建设，这就给学院整体师资队伍的稳定埋下了隐患。而且，在授课的过程中，不得不将外聘教师和母体高校教师的空余时间作为自身的授课时间，这就必然导致学院排课不科学现象的出现，同时教学改革等制度无法顺利进行，教学管理无法规范等很多问题，严重影响教学质量。而且，学院自有专职教师的学历和专业素质相对于外聘教师或母体教师来说还比较低，还有一些缺乏主讲教师的资格。

4.1.5 实践教学未有效落实

独立学院对于应用型人才培养的一个重要环节就是实践教学。它是理论与实际的结合，是培养学生运用科学的方法来提高自身动手能力的重要平台。但是，由于来自各方面的原因，使得独立学院在实践教学方面存在着诸多问题。

1. 实践教学的内容一成不变，形式简单

目前为止，适合独立学院的教材并不多，大部分教学理念还是偏重于理论，没有合理地教材与之相适应，指导老师在实践课程中设计的环节缺乏足够的创新性，导致内容和形式单一。

2. 大部分独立学院还没有建立起"双师型"师资队伍

实践教学的师资除了应具备扎实稳固的理论基础以外，还要具有较强的技术应用能力，要向学生传授这种能力，使其在实践中提升自己的能力。然而，独立学院还普遍缺乏既具有教师基本素质又具有工程师基本素质的"双师型"师资队伍。

3. 缺乏实践教学的资源

近些年来，随着独立学院的规模不断扩大，招生数量也随之增加，即便是那些自身拥有独立实验室的学院，也早已不能满足教学和实习的需求，更何况有些学院本身就没有自己独立的实验室。独立学院的经费都是靠自己筹备，来源于政府和社会的投资少之又少，而建设实验室和实习基地的费用所占比例又比较大，这就严重地制约了独立学院的发展。

4. 实习管理制度不完善，模式单一

学生在实习过程中，学校对学生的管理、考核等环节缺少明确的规定，使学生的实习过程不能有组织、有计划地进行，而且在实习的模式上比较单一，缺少针对市场需求和社会需求的安排，也没能找到适合各专业特色的实习模式。

4.2 本科专业应用型人才培养模式的构建

4.2.1 技能应用型课程体系的构建

独立学院的课程体系构建必须以市场需求为导向，合理设计技能应用型课程，培养专业性和实用性强的人才，才能让学生在竞争激烈的就业市场站稳脚跟。技能应用型课程体系的构建要从以下几个方面努力。

1. 完善应用型课程设计过程

在技能应用型课程设计过程中，要考虑到学生的学习广度，缩小不同层次学生之间的差别，不仅要开设技能应用型课程，还应该把课程细化到适合学生难度并与专业课程区别开来。

2. 改革课程设置

当今社会日新月异的发展要求独立学院的课程设置也必须赶上时代的进步，做到技能应用型人才的培养与专业的发展相一致，要改变传统的教学体系课程设置，增加囊括新知识、反映新技术的技能应用型课程，精选出专业核心课程，删除不太需要的陈旧课程，使课程设置达到"新""强""精"的特点。

3. 合理分配课时

任何一门课程应该安排合理的授课时间，以避免理论课时过多、实践课时过少的现象。另外，为了不让学生在就业高峰期面临上课与找工作的冲突，还要避免在第七学期安排专业课程，否则既影响教学效果又影响学生就业。

4.2.2 技能应用型人才培养教学管理模式

独立学院的学生是高考三本批次录取的,学生们大多数是健康活泼、积极向上的。但可能由于他们家庭条件好,存在一些共性问题。比如,缺少毅力、知识薄弱、动力不足等。因此,对于独立学院而言,健全技能应用型人才培养教学管理模式要重点抓好以下工作。

1. 实行"双师"管理模式

对学生实行辅导老师和班主任共同管理的"双师"模式,辅导老师主要由思想政治理论教学部的专职人员担任,重点负责学生的心理引导及思想教育工作;班主任则由具有教学经验的专业任课老师担任,主要负责学生在学习阶段的专业指导、职业设计及与其他任课老师的沟通等,通过此管理模式来解决辅导老师不善于专业、任课老师不善于思想教育的矛盾,使教学管理更具针对性和有效性。

2. 健全教学反馈模式

独立学院的教学管理应该以内外反馈机制的完善作为主线,通过对教学体系进行内外评价和反馈的方式,提高教学管理效果。

3. 推行对学生的全面考核模式

主要加强学生对知识拓展、操作技能和综合实践能力等方面的考核,以试卷考核和动手操作、课内表现和课外训练二者结合的方式综合考查学生的创新和实践能力。

4.2.3 技能应用型人才培养模式

独立学院要办出特色，就一定要提高学生的竞争力，为达到这一目的，必须要加强应用型本科专业人才的技能培养。主要从以下几个方面完善技能培养模式。

1. 实践教学模式

在教学过程中，对低年级的学生可组织现场模拟、课堂讨论、课堂辩论等上课模式，提高学生的反应能力及判断能力；对高年级学生可提供实训课，建立模拟实训室，有针对性地强化对学生实践能力的培养和锻炼，让学生有亲临现场的感觉，为他们的专业应用型能力打下基础。

2. 技能锻炼模式

成立学生实践委员会，负责拟定学生的实践细则，对内联系学校相关部门，对外联系实践单位或者挂职锻炼单位，为学生提供实践的机会，让他们能在政府部门、企业、事业单位或者学校"三助"岗位参与实际工作，以便于做到理论联系实际。

3. 建立专业实习基地

通过校企合作的方式，建立学生实习基地，学校可以与企业或用人单位合作，互利共赢，以培养出具有专业技能的人才。这样不仅可以让学生掌握企业的人才需求情况，还能让学生在毕业后尽快胜任工作，以弥补单纯课程教学的不足。

4. 设置技能奖励模式

激励方式能提高学生对技能塑造的积极性和主动性，

可设置"技能进步奖""技能创新奖"等,对技能突出、创意明显的学生进行嘉奖,形成有效的技能激励机制,提高学生的实践操作技能。

4.2.4 技能应用型教育教学质量保障与评价体系

技能应用型教育教学质量保障与评价体系的形成主要包括以下两个方面。

1. 保障教学条件

首先在师资队伍方面要构建一支知识结构完整、年龄比例合适、综合素质优良的教师队伍;其次要完善教学基础设施建设,配备方便快捷的教学设备,建立先进科学的实验室,保证学生学习的硬件条件;除此之外还要完善学校的教学检查制度,对教学秩序、课堂教学、实践教学等方面都进行定期或不定期的检查,及时纠正不到位的教学情况,以保障教学质量(师资队伍、基本设施、教学检查等)。

2. 完善教学评价

首先,要完善学生评教,教务处应组织学生在每一门课程结束前,对任课教师的上课方式、表达能力、授课效果等方面进行客观的满意度测评;其次,组织专家进行(督导)评教,让专家或督导亲临课堂对任课教师的教学方法进行检查、监督和指导,及时反馈教学信息,改进教学方法,以保证任课教师在上课时能突出重点、详略得当;除了学生评教及专家评教之外,还要利用同行评教,各教师同行之间相互听课、进行评价也是教学质量评价的有效方式之一,同行要对被评教师的教学方法、教学态度及教学效果等方面进行评价，对需要改进的教师提出切实可行的建议或意见，只有以上评教方式相互结合，才能使教学评价达到客观、公正、合理的结果。

4.3 本科专业应用型人才培养实践

根据社会经济发展和需求，寸金学院确立了"三根据一保证"的办学理念，即根据社会需求确定人才培养方向，根据社会需求设置专业，根据社会需求制定教育教学内容，保证人才培养质量。近些年来，寸金学院对技能应用型本科专业人才培养的实践如下。

4.3.1 完善教师队伍建设

近年来，寸金学院旅游管理专业根据自身的定位和发展情况，从以下三个方面完善了师资队伍建设。

1. 加大了对高素质人才的引荐力度

从国内外招聘了一批先进的科技工作者，现有专任教师497人，副高以上职称127人，骨干教师为广东海洋大学资深教授和从国内高校招聘的学科带头人，并常年聘请外籍教师担任英语教学工作。

2. 优化了师资结构

从年龄结构和专业招聘方面优化了师资结构，使青年、中年、老年教师比例合理化，并提高了选聘要求，坚持择优选聘的原则。青年教师的招聘以重点高校毕业生为基础，以综合素质为考察标准；中年教师的招聘条件以职称为基础，以能否担当教学骨干为考察标准；离（退）休教师的聘请则以是否有利于专业建设和学科发展为前提，主要招聘稀缺型和专家型的资深权威教授。

3. 健全了师资管理

学院打破了传统观念和传统模式的束缚，构建了以师为本的教师管理机制，重视培养教师的科研意识和责任意识，激发教师的主人翁意识，消除教师的雇佣观念，将单纯的控制管理转向了教师资源的开发、利用和保障，以保障教师对学校的重大决策具有知情权和参与权，形成与校共荣辱的集体主义精神。

4.3.2 尊重学生的兴趣爱好

寸金学院在吸收母体学校的人才培养经验的基础上，突出了人才培养特色，为了把学生的个性特点和专业特点结合起来，学院坚持"因材施教"的人才培养模式。通过尊重学生的兴趣、爱好和意愿，结合学生的人生目标，进行横向和纵向分流，主要从横向和纵向两大方面来落实因材施教。

（1）从横向上看，注重满足学生的兴趣爱好，让学生在学习基础课程和通用课程之外，可以结合自己的兴趣，自愿选择其他感兴趣的课程。

（2）从纵向上看，针对有继续深造、具有考研意向的学生，组织专业教师对他们进行辅导与沟通，指导他们报考相关专业，帮助学生解决在备考期间遇到的各种专业问题，并对考上全日制研究生的应届本科毕业生给予一次性奖励5000元，做到了满足不同学生的学习需求，使有不同发展意向的同学都具有均等的接受教育的机会。

4.3.3 重视学生的职业能力培养

《国家中长期教育改革和发展规划纲要（2010-2020）》明确提出，要进一步指明职业教育发展方向，培养出适应经济发展方式和现代产业体系的应用型人才，可见，职业技能应该是各大高校培养应用型本科人才的重要责任。除此以外，据《中国青年报》[①]实证调查发现，关于本科生在毕业时应该具备何种能力，83.3%的人认同本科毕业生首重职业能力，即能够有效满足单位、企业的岗位需求。

为了满足社会对技能应用型人才的需求，在教学计划中，寸金学院非常重视对学生的职业能力的培养。

（1）明确了实践教学的必要性及教学方式，同时在教学大纲中规定了各课程需要做的实验训练和手工操作，并严格执行。例如，会计专业设立了会计手工操作室，让学生能够提高自己对专业的理解能力和动手能力。

（2）以社会需求为导向，在重视专业理论知识培养的同时，也重视培养学生的实践能力，为学生提供了"假期校外实践训练""赴国外交流学习"等项目，在促进学生学习课内知识的同时，还参与到第二课堂，体会实践学习的乐趣，扩展学习视野，提高学生的积极性和主动性，为技能形成打下基础。

---

① 佚名.中青在线—中国青年报.[EB/OL]http://zqb.cyol.com/content/2010-03/23/content_3146571.htm[2017-03-15].

4.3.4 完善教学方法

教学方法的完善主要从课堂教学和实践教学两大方面入手。

1. 重视课堂教学效率

寸金学院的教学由讲授、讨论和辅导三个部分组成，教师会在下一次授课前把课程要点告诉学生，督促学生在课前查找相关资料，并鼓励他们带着问题进入课堂。在课堂教学中，以教师讲授为核心，组织学生进行课堂讨论，鼓励学生发表不同意见，并针对学生质疑和争论之处进行耐心辅导，以提高学生的理解能力和激发学生的学习潜力。此外，寸金学院还要求教师必须认真备课，教师的课件需要做到内容、动态、美观三者结合，以吸引学生的课堂注意力。必要的时候，教师也会以分组的形式，给学生提供自己讲授的机会，以提高学生的语言表达能力和沟通能力，同时也能加大学生对课堂教学的参与程度，提高教学效率。

2. 开展合理的实践教学

有的专业课程，学校会安排专业教师在校外进行授课，比如美术、旅游管理等部分专业课就会组织学生在校外一些村庄或者旅游景点进行授课，让学生在现场环境中感受到专业乐趣，同时也激发学生的专业灵感。

4.3.5 加强教材建设

教材是教与学的载体和主要内容，选用科学、合理的本科教材会直接关系到本科学生对该学科基本知识基本理论的系统掌握和科学知识结构的形成。我们将在教材选定上坚持先进性原则，明确要求任课教师选用教材应本着权威性、适用性及先进性的原则，优先选用 21 世纪教材或国家或省部级推荐的近三年出版的教材，并以此教材为基础，结合教学实际，建成由纸质教材、电子教材、网络课件、试题库和辅助教材等构成的立体化教材体系。同时，积极鼓励、支持教师和企业根据实践经验并针对学生能力和水平自编教材和讲义，配合统编教材进行教学。

4.3.6 丰富学校校园文化

丰富多彩的校园文化是培养技能应用型本科人才的平台及载体，寸金学院主要通过以下几个方面来丰富学生的校园生活，提高学生的学习能力。

1. 定期开展技能大赛

为了给学生提供专业技能实践的机会，学校定期举办各种技能大赛，如创业大赛、职业规划大赛、营销大赛等，既活跃了学习气氛，又提高了学生的实践能力。学生除获取文化知识和专业技能以外，还能通过丰富的校园活动培养才干，提高能力，如在 2009 年，寸金学院就有 20 多名学生的作品获得国家及省级以上奖励。

2. 支持学生成立各种专业性社团

例如，舞蹈协会、摄影协会、计算机协会等，并鼓励学生积极参加社团活动，设置相关奖项，提高学生对社团组织活动的参与率，以促进学生由课本知识向实践技能的转化，提高应用能力。

3. 积极开展社会服务

认真落实为社会服务的活动计划，由专门的教师指导，带领学生积极参加社会服务活动。例如，定期组织学生到养老院慰问老年人，给老年人送去关爱和温暖；定期组织学生到贫困小学辅导，为小学生带去微笑和欢乐；定期组织学生到农村参与调研，让学生了解当地的经济发展状况，关爱农村经济发展，以培养学生的爱心，塑造学生为社会服务的决心。

4.3.7 积极开展校企合作

为了使技能应用型本科专业人才培养更具有针对性，寸金学院的部分专业与比较有实力的企业合作，签订合作协议，提高学生的就业能力。主要合作过程如下。

1. 通过企业了解人才需求

学校通过进行充分的调研和论证，瞄准企业或者行业所必备的专业技能，了解企业的招聘意向，再制定科学的培养方案。其中，培养方案一方面紧扣专业培养目标，另一方面满足企业对人才的技能需求，注重教学人才综合素质与用人单位要求之间的对接。

2. 共建实训基地

企业提供必要的实训基地，为学生提供参观、实习的机会，并把学生需要提高的动手能力和知识水平反馈给学校，让学校有针对性地加以改进。

3. 校企成立领导小组，共同培养人才

校企双方共同成立了工作领导小组，制定了相关的管

理制度，企业技术人员与学校教师共同参与人才培养工作。例如，学校甚至还聘请专业技术人员给学生开展实践操作方面的讲座，鼓励学生积极向专业技术人员请教，以便及时发现问题，弥补学习方面的不足之处，以提高对企业工作岗位的适应能力。

总之，寸金学院经过多年的艰苦摸索，通过对旅游管理专业应用型人才协同培养，提高了毕业生的专业应用能力，使毕业生在具备基本理论知识的同时，也掌握了实践技能，提高了人才在市场上的竞争力。在以后的发展中，寸金学院还要加大对学生创新能力等方面的培养，只有这样才能更加彰显自己的人才培养特色。

第 5 章
旅游管理专业教师队伍建设探讨

今天,旅游业已成为我国经济新常态下新的增长点,高校旅游教育严重滞后于产业发展,旅游人才供给不足与旺盛的旅游需求之间存在巨大的矛盾,难以与不断变化的旅游市场对接,使得旅游人才的培养出现了新的挑战。旅游管理专业不仅要提升学生的专业知识、理论素养,还要注重实践教学的组织实施,以提高学生的实践能力,这是学生适应社会发展的需求。旅游管理专业教师在旅游行业教育发展过程中起着主导作用。因此,加强高校旅游管理专业的实践教学,不能忽视旅游管理专业师资队伍的建设,加强实践教学需要有与之相匹配的实践教师队伍做保证。在高校旅游管理专业平台上,建设一支理论储备丰厚、业务知识精湛、综合素质高的双师型师资队伍,对于优化旅游管理师资结构、提升科研水平、科学探索新形势下旅游人才培养的教育模式,进而为旅游业的健康可持续发展培养、输送高素质应用型人才起着至关重要的作用。

5.1 旅游管理专业教师队伍聘用机制

《国家中长期教育改革和发展规划纲要(2010～2020年)》十分重视加强教师队伍的建设。该纲要明确指出要以

"双师型"教师为重点加强院校教师队伍建设，以中青年教师和创新团队为重点建设高素质的高校教师队伍。旅游管理专业需要什么样的教师，取决于旅游管理专业的培养目标，旅游管理专业培养的是应用型、技能型的人才，因而教师的教育应该"接地气"，应有针对性、适用性。而要达到这一教学要求，教师必须具备较高的技能水平和丰富的行业实践经验，仅有高学历是远远不够的，旅游专业尤为如此。因此，对旅游专业教师的引进，应改变"唯学历是举"的人才引进政策，优先考虑应聘者的行业经历及从业经验，适当放宽学历限制，这应是旅游专业教师聘用制度改革的方向。同时，对兼职教师的聘任，应实行"按需设岗、公开招聘、平等竞争、择优聘任、严格考核、合约管理"的原则，完善聘任与管理制度，确保建设一支优秀的兼职教师队伍。

5.1.1 招聘方式多样化

招聘方式影响"双师型"教师的来源和质量。在保留目前学校等应用型本科院校社会公开招聘、熟人推荐方式的基础上，加强与企业合作，深入企业聘用人才。变"被动"为"主动"。到企业聘请人才能有效改变目前本专业"双师型"教师中公司、企业一线人员匮乏的现状，有利于学校了解公司、企业人员的综合素质和能力，有利于校企双方实现深度合作。

5.1.2 制定"双师型"教师任职标准

良好的"双师型"教师认知标准是保证"双师型"教师队伍质量的首要前提。一切招聘"双师型"教师的方式方法，都要符合"双师型"教师任职标准，任职标准包括思想道德、专业能力、工作情况、实践能力等多个方面。思想道德方面，"双师型"教师要热爱教育事业，愿意为高等教育发展贡献力量，为人师表；专业技术水平方面，一般应取得中级以上专业技术职称；专业结构要与学校专业设置相适应；在本专业领域应具有丰富的实践经验，取得一定的成果。任职标准要特别强调对"双师型"教师实践能力的考察，选择真正满足学校实践教学工作的人才。

5.1.3 制定"双师型"教师聘用程序

"双师型"教师聘用要按照要求程序进行，防止聘用过程中的随意性和无序性。首先，各用人部门应向学校提出聘人的具体需求，学院通过面向社会公开招聘或者直接到公司、企业聘用人才等方式确定基本符合条件的拟聘人员名单。其次，人事部门收集应聘者资料，并会同各二级教学单位负责人对拟聘教师的综合情况进行考核，考核采取试讲、深入企业考察等多种形式进行。最后，二级教学单位将最终确定的用人名单报人事部门。学院与拟聘教师签订聘用协议书，明确聘任期限，双方权利、义务、工作职责、保障学校和"双师型"教师的权益。

5.2 旅游管理专业教师队伍评价机制

一般认为，教师评价是对教师工作现状或潜在价值做出判断，它能促进教师的专业发展，提高教学效能；有利于建立激励机制，充分发挥教师工作的主动性和积极性；转变教育思想，推动教育改革与发展；加强科学管理，转换学校内部的运行机制。"培养"与"评价"是教师队伍建设最重要的环节。"双师型"教师的发展基点在于培养模式，可持续发展取决于评价机制。旅游管理培养"双师型"教师的根本目的还在于要改变学校原有的、不适应本专业要求、不适应"培养生产、建设、管理、服务第一线需要的应用型人才"的教师队伍现状。因此，要努力提高人才培养的质量，提升教育教学的新理念和新能力，最终达到推动专业发展的目标。

旅游管理专业教师的双师素质包括以下几个方面。

1. 语言能力

旅游管理专业教师应具备过硬的语言基本功，语言不仅包括口头语言，还包括态势语言、书面语言和副语言。语言是旅游从业人员在服务过程中必须熟练掌握和运用的一项技能。在旅游服务过程中，口头语言是使用频率最高的一种语言形式，美学家朱光潜告诉我们，一个人"话说得好就会如实的达意，使听者感到舒服，发生美感。这样的说话也就成了艺术"。因此，旅游管理专业的教师应熟练掌握语言表达的基本形式、要领、方法、态势语言的运用技巧及导游语言的沟通技巧。

2. 业务知识水平

旅游专业教师应掌握旅行社经营与管理、旅游市场营销、旅游政策与法规、导游实务、主要客源国情况、景区服务与管理、旅游财务管理、旅游人力资源管理、旅游电子商务等方面的理论知识，并熟悉国际旅行社和国内旅行社业务流程，了解旅游市场现状及发展趋势，了解旅行企业各岗位的工作职责，掌握各类型团队的操作流程、各类型团队的带团流程及技巧等。

3. 综合实践能力

综合实践能力包括实训教学、实习指导以及就业指导等。旅游管理专业教师不但能胜任理论教学，还应具备一定的专业实践能力，能承担与旅游管理相关的旅行社、旅游景区的实训、实习以及就业指导工作，对学生进行相关职业技能培训的岗位培训，从而使他们考取普通话、中文导游员、英语导游员等职业资格证书。

4. 职业技能拓展

职业技能主要包括理论知识更新、行业调研、课程开发、科研能力等。旅游管理专业教师还应不断学习和掌握旅游业新动态，不断提高专业知识水平与实践指导能力，根据区域经济发展需要，开发与毕业生就业岗位紧密相连的专业特色课程，及时更新教学重点，使培养出来的学生真正具备能适应经济与行业发展的要求，从而避免出现学非所用的现象。此外，旅游管理专业教师要定期去相关企业参加实践锻炼，走访实习实训基地，并开拓校企合作新领域，为学生顶岗实习以及将来就业搭建良好的平台。

5.2.1 提高"双师型"素质教师考核标准

依据教育部《高职高专院校人才培养工作水平评估方案（试行）》"双师素质"教师具有高校讲师（或以上）教师职称，并具备下列条件之一的专任教师（指所教专业课和专业基础课教师）。

① 有本专业实际工作的中级（或以上）技术职称（含行业特许的资格证书）。

② 近5年中有两年以上（可累计计算）在企业第一线本专业实际工作经历，或参加教育部组织的教师专业技能培训获得合格证书，能全面指导学生的专业实践实训活动。

③ 近5年中主持或主要参与2项应用技术研究，已成功被企业使用，效益良好。

④ 近5年中主持（或主要参与）2项校内实践教学设施建设或提升技术水平的设计安装工作，使用效果好，在省内同类院校中居先进水平。

可以看出，具有讲师（或以上）教师职称是成为"双师型"素质教师的必备条件，而后面的四个条件是可选条件。目前，我国的专业技术职称多以理论考核为主，即使辅以实操考核，也主要考核较为基本的动手能力，因此获得专业技术职称的人员不一定具备较强的实际工作能力。然而，本专业要求学生具有熟练的实操能力，以应对日益激烈的就业压力和竞争。本专业可以根据实际情况适当提高教师的考核标准，将条件（1）列为必要条件或对获得专业技术职称的教师进行专业技能考核，加入实操等考核内容，使教师真正具备内化理论知识、职业技能和职业素质，并将其体现在旅游管理教学的能力上，这样才能使本专业"双师型"素质教师真正成为具有较高理论水平和较强实践能力的"双师"。

5.2.2 成立监控机构，合理配置督导人员

随着人才培养评估工作的进行，我院已经认识到"双师素质"教师培养的重要性。旅游管理专业将成立监控机构，合理配置督导人员。监控机构由人事处及管理系相关领导和相关人员组成，根据本专业需要，制定旅游管理"双师素质"教师培养规划，并上报人事处。该机构负责被培养教师的培养目标、培训内容、培训时段、培训效果信息的记录和分析。督导成员的专业构成要符合旅游管理专业的实际情况，做到知识覆盖要全面、业务要精通、结构要合理，能胜任本职工作，督导人员应包含行政领导、行业专家、一线教师（兼任）等。

5.2.3 完善管理制度，建立多元化评价指标体系

1. 管理制度

（1）"自上而下"和"自下而上"相结合的管理制度。这里的"上"指管理系，"下"指教师。教师培训的最终目标是培养专业领域内既有扎实的理论基础又熟悉行业内的技术操作和发展态势，回校后能把自己所学的专业知识和操作技能用恰当的方法传授给学生，培养学生成为一出校

门就可以与社会对接的合格人才。要想完成这个目标，教师要准确理解任务目标、牢记任务完成时间。在工作进程中，要实时请示汇报任务完成情况；在工作进程中，有任何超出权职及能力范围的问题，可及时向系里汇报以求得协助。管理系要监管执行、协调、帮助教师完成任务。这样，就形成了一个"自上而下"和"自下而上"相结合的回路沟通机制，以提升贯彻执行力，从而达到追求工作高效率的目的。

（2）监控与自我监控相结合的管理制度。教师自我监控和学校监控在出发点和目标上是一致的。高校教师有良好的教育经历，自我约束力强，在"双师素质"能力培养过程中，其自我监控的作用不容忽视，要积极培养教师自我监控的意识，使监控系统的作用得以高效发挥。

（3）过程监控和效果监测相结合的管理制度。"双师素质"教师的培养在重视效果评价的同时，更要重视过程监督，不能等到培养结束了才进行一次性检验，而是要对其培养过程进行严密监控，使培养目标沿着学校既定的方向逐渐完成，培养过程结束，返校检验培养效果。

（4）全面性和长期性的管理制度。前一阶段培养任务结束，检查结果合格，经过一段时间后，可能又进入新一轮的培训环节，这一次的培训目标就上一次来说，培训内容不同，培训重点不同。接着，还可能进入第三轮、第四轮等的培训环节，目的是全面完成和满足"双师素质"教师的内涵，达到预期目的。随着社会经济的发展和对科技水平要求的提高，技能操作不可能是完成一次培训就结束的静态技术，而是在不断更新，不断改进，所以"双师素质"教师的培养制度需长期化。

2. 多元化评价指标体系

（1）评价原则。评价指标合理与否直接影响评价的客观性，为了使指标体系科学化、规范化，在构建评价指标体系时，旅游管理专业应遵循以下原则。

①系统性原则。评价指标体系中的各评价指标看似独立，实则彼此之间有逻辑联系，而且具有层次性，从里向外共同构成一个有机统一的整体，从不同侧面反映教师的能力。

②全面性原则。旅游管理教师应具有特殊本领，因此构建评价指标要全面，既要有评价教师基本教育能力的指标，也要有评价教师特殊本领的指标。

③动态性原则。对于旅游管理教师的培养效果评价也要在反复训练、反复实践、反复评估中进行，如实反映教师的教育教学能力。

④即理性原则。评价指标体系构建的出发点是激励教师积极参与企业行业培训，提高实践教学能力和科研能力。通过评价使教师认识到自身的优势和不足，进而在后续的发展中注重发挥自己的优势，改进不足。

（2）评价群体及评价指标。

①学生评价。教师授课效果的好坏，第一体验人是学生，最终受益人也是学生，所以学生对教师进行评价至关重要。鉴于学生本身的条件，不懂教学管理，只是欠缺，所以学生评价只能从教师的职业道德和授课效果给予定性

评价。

②专家评价。校内督导专家有着丰富的教学经验，在评价旅游管理专业教师能力时，不仅看其专业知识和专业操作技能情况，还要从多个方面评定教师的"双师素质"资格，如科研能力、对本职工作的热情度和对本专业的贡献等，他们的评价说服力更强。

③用人单位评价。"双师素质"教师培养的目的是提高教学质量，而教学质量提高与否关键是看学生工作后老板对其能力的认可度。所以，用人单位评价在评价群体中占重要的位置，他可以评价教师的培训效果以及对有关行业的发展贡献。因此可以吸收用人单位参与培训质量评价，逐步完善以学校为核心、社会参与的多元化质量评价体系，如表5-1所示。

表5-1 旅游管理专业教师培养评价指标体系

评价目标	评价群体	评价指标
评价教师"双师素质"资格	学生评价	①职业道德； ②授课效果等次（优、良、合格、不合格）
	专家评价	①教育水平； ②教材把握情况； ③教学方法的应用程度； ④教学环节培训的完整性； ⑤专业技能操作水平； ⑥是否注重学生综合能力和创新能力的培养； ⑦科研能力及企业的合作情况； ⑧对本职工作的热情度和对学校质量的评价
	用人单位评价	①参与培训的效果； ②对行业的发展贡献

（3）培训系统。旅游管理教师能力的培养，从学院师资发展规划，培养对象的确定、汇总，培训内容的计划、研究、成文，到培训结果的监控、评价、反馈等一系列工作，是一个信息量大、时间长、工作任务重的过程，需要运用系统的思维和手段进行计划、组织、实施，才能提高工作效率，取得最佳培训效果。所以，在科技突飞猛进的信息化时代，必须利用现代化技术手段，建立起完善的管理系统，高效地记录、分析、监控、评价、决策、反馈和处理各种信息和问题，从而提高管理水平和创新能力。

5.3 旅游管理专业教师队伍的激励机制

5.3.1 旅游管理专业教师队伍激励机制建设的意义

"激励"是管理心理学术语，主要是指激发人的动机，使人有一股内在的动力，向所期望的目标前进的心理过程。激励机制是分配和管理制度中的重要组成部分，根据马斯洛的需求层次理论，当人的现实状态与需求目标产生差距时，建立有针对性的、有效的激励机制，便能激发人产生追求目标、满足需要的自主意识和内驱动力，这种动力无疑将有效地激发人的潜能，从而大大提高员工的工作效率。

完善的激励机制有利于旅游管理专业教师队伍建设的制度化、科学化和规范化。21 世纪是一个科技信息化、经济全球化、政治多极化和文化多元化的新世纪。在这种形势下，社会发展一切为了人，一切依靠人，一切都离不开对人的潜能的挖掘，即是一种对人的有效激励。本专业教师属于自主性、创新性的高层次人才群体，更注重追求自我潜能的挖掘和自我价值的充分实现。他们有强烈的求知意识，热衷于专业知识的更新，关注着学科前沿的发展趋势，渴望获得更多的教育提升机会；他们有强烈的成功欲望，愿意接受具有挑战性的工作，渴望自身才能获得广大师生的认可。因此构建以人为本、公平合理、科学有效的激励机制来促进本专业教师的积极性、主动性、创造性的最佳发挥，积极营造尊重知识、尊重人才、尊重劳动、尊重学术成果的良好环境，使教师创业有机会、干事有舞台、发展有空间，有利于"双师型"教师队伍建设制度化、科学化、规范化，更是建立一支高素质、高技能的"双师型"教师队伍的必要条件。

建立旅游管理专业教师队伍激励机制还有利于实现"双师型"教师队伍的建设和本专业的可持续发展。围绕本专业建设发展的目标，建立有效的激励机制，有利于营造积极进取、开拓创新的群体气氛，激发教师的创造性。鼓励教师中符合战略需要的行为和观念，将专业发展目标转化为对所有教师的直接动力，抑制阻碍本专业战略目标实现的行为和观念，逐步将教师的行为和观念导向与专业战略目标统一在同一个轨道上，从而能够促进教师队伍朝着被激励的方向不断优化。同时，要求教师在整体素质与发展目标上趋于一致，从而使本专业在教育市场中具有较强的竞争实力，实现本专业的可持续发展。

5.3.2 旅游管理专业教师队伍激励机制建设的内容

1. 职称评审优先化

在职称评定上积极探索，制定符合专业特点的职称评定制度，以此提高教师工作的积极性和创造性。在同等条件下，优先考虑"双师型"教师晋升专业技术职务，也可考虑将"双师型"教师资格等价于一定数量的科研成果指标。总之，本专业教师将教学能力和实践能力有机结合起来，更有利于旅游管理专业师资队伍的建设，充分体现出我院的特色和办学宗旨。

2. 科研经费保障化

开放的应用型人才培养模式有利于形成"产学研"结合的教育运行机制。为了充分展示"双师型"教师群体的丰富实践经验，使他们的才智得到充分的发挥，我系将确立优厚待遇，加大奖励力度，设立旅游管理教师科研奖励基金，从而使优秀的专业教师脱颖而出，组建合理的教学团队，开展学术研究，进行新产品、新教材、新课件的研发，为该专业老师的发展提供经费保障。尤其是对于承担与旅游专业相关的实践项目和与企业结合的应用课题的专业教师，政府应给予政策性倾斜，这样，教师在参与教改和技术开发的过程中，一方面能够促进学术水平的提高，另一方面能够了解和掌握企业行业的生产、管理实际，为专业教学改革积累第一手资料，从而不断提高教学实践水平。

3. 学术交流经常化

通过学术交流，可以开阔视野、掌握新知识，借鉴、学习新的教育理念、教学经验以及管理经验，有效地推动教学工作的发展。视情况为旅游专业教师提供"学术假"，有计划地分批安排他们外出以至出国学习考察，接受最先进的教育理念和最前沿的发展信息，然后通过做报告、办讲座等形式进行宣传推广。同时，还提供本专业兄弟院校或国内外协作学校访问交流的机会，做到学术交流经常化。

4．基层时间制度化

目前，旅游专业部分老师只是获取了某个资格证，他们是直接从学校走向学校，从课堂走向课堂，缺乏旅游行业工作、实践的经验，这严重制约着高技能实用型人才培养的质量。而旅游管理专业担负着培养实践、管理等第一线应用型人才的重要使命，这要求旅游专业教师既要有一定的理论教学水平，还应该有丰富的实践经验和较强的实践教学能力。因此，我们应切实落实专职教师基层实践锻炼制度，通过积极参与企业实践、培训或应用研究等活动和方式，及时了解、掌握与理论教学相关的实践知识和技能并传授给学生。

5．能力培养常态化

教学质量是学校教学工作的生命线，提高专职教师的教学能力是我院提高教学质量的根本保证。旅游专业的发展，要求必须建立一支既有扎实的专业基础知识和教育理论素质，又有丰富实践经验和较强专业技能，并且具有教育和管理双重知识和能力结构的教师队伍。职业道德教育能力是根本，教学认知能力、实践操作能力是基础，教学设计能力、教学组织能力和教学评价能力是核心，教学研究能力、面向社会服务能力和教学资源建设与利用能力是保证，教学创新能力是升华。旅游专业教师必须在实践中不断培养和提升职业教育教学能力。因此，旅游管理专业将积极开展教师教学培训、教学改革、研究交流、质量评估、咨询服务等，从而将培养教师能力作为常态化工作，切实提高教学能力和水平。

6. 激励制度全面化

在建立旅游管理专业教师队伍激励机制的过程中，应克服内容设计片面、工作措施单一的弊病，努力构建丰富完备的激励机制。不仅要坚持目标激励、物质激励，还要采用情感激励的方法，充分发挥各种激励措施的优势，努力产生多种激励措施策略优化组合的最大合力。

（1）物质激励。物质需求是人最基本的需求。旅游管理专业将其当作调动教师积极性的动力，给予充分重视，实行物质激励来调动教师积极性。

①积极帮助教师解决工作困难。改善教师的办公、教学环境，提供必须配置的教学仪器设备，丰富图书资料，完善现代化教学手段等，为教师创造较好的物质基础，激励教师坚守岗位，多出成果。

②在生活上为教师解决后顾之忧。教师在生活上最大的困难就是住房问题，子女上学问题，针对这些需要，学校进行"凝聚力工作"建设。实施"安居工程"，解决好教师的住房困难问题和生活配套服务设施，开展送温暖活动，帮助教师解决子女入托、入学等问题。

③采取一定的薪酬奖励策略，对于工作出色、教学研

究成果显著的教师，给予一定的提成奖励，体现多劳多得的分配原则，最大限度地激励教师勤奋工作。

（2）精神激励。"精神激励"是人成长需要的基本内涵。马斯洛在他的需要层次理论中讲的自我成才的需要中尤其强调：人在较强烈的、高层次的需要没有满足时，会舍生忘死地追求，从而产生强烈的激发力量，且随着自我目标实现的需要，又会给自己增加新的个人理想和崇高的信念。

①学校要形成"尊师重教"的良好氛围，树立教师在学生、家长和社会上的威信，使教师能够"自我肯定"，激发教师积极向上的情感。

②创建良好的人际关系是营造教师良好心理环境的基础，使教师保持健康的心理状态，从而增加凝聚力和向心力，提高工作热情和工作效率。

③专业领导要慧眼识珠，知人善用，提拔与使用是最好的激励，使教师队伍中的有才者有用武之地，发挥最大效能。

④专业领导要鼓励和支持教师参与本系的管理工作，增强教师的主人翁意识。让教师参与本系重大问题的决策和管理，可以极大增强教师当家做主的意识和工作责任心，激发他们的主动精神和创造才能，同时有助于他们产生一种肯定的、积极的态度，进而形成一种内在的驱动力。

（3）目标激励。目标是引发动机的外部条件。对教师而言，目标是在一定时期内完成的工作任务。适当的目标具有诱发、导向和激励行为的功能，能够激发教师的工作积极性、主动性和创造性。

①目标的制定要尽可能同教师的各种需要有机地结合起来。把教师融合、贯穿在目标之中，使教师的个人需要和学校的目标紧密相连。

②目标的设置要有科学性。目标要难度适宜，最佳目标应该是乍一看似乎很难，但是稍加努力就可能达到。目标应该是既有可行性，又有挑战性。目标若没有挑战性，就没有激励作用。

③目标的设置要明确，要具体、有层次。既要有远景的奋斗目标，又要有近期的奋斗目标；既要有学校的目标，又要有本专业各位教师的目标。尽可能考虑到不同教师的认同感，有针对性地激励教师通过自我努力取得成就，满足需要。

5.4 校企合作人才互通机制

旅游管理专业具有鲜明的实践性、实用性，必须与经济社会紧密联系。因此，旅游管理专业教师传授给学生的知识、技能必须紧跟时代的步伐。校企合作是培养"双师型"旅游管理专业教师的主要途径，其培养模式是利用学校与企业两种不同的教育资源，使企业成为"双师型"教师培养的主要场所，而教师通过在企业的实践，了解行业的新知识、新技能，从而提升教师的专业实践能力。

5.4.1 创新校企合作的运营模式，拓展"双师型"教师的培养途径

学校和企业是不同的主体，主管部门不同，追求的利益、管理的思路等也不同，学校和企业要跳好双人舞，就必须要找准两者间的切入点。而结合我国经济发展所处阶段和企业尚在快速发展阶段的实际来看，用社会责任感来要求企业参与校企合作非常"柔弱"。从现实出发，这个切入点对企业来说，是稳定吸收人才的良好途径，可以通过和学校的合作实现技术革新；这个切入点对于学校来说，是依托企业资源培养双师素质的有效途径，还为学生提供发展平台，形成良性循环。

1. 实验室进入企业模式

依托企业，园区建立旅游管理与企业共用的实训基地。由企业提供实训场地、管理人员和实训条件，按照管理要求建设实践性实训基地。将校内实验室建在企业，使单纯的实训室转变成工作场地，基地以企业为管理主体，将其纳入企业的生产管理、经营和计划当中。由企业和学校共同设计学生的实训课程，学生集中到生产性实训基地顶岗实习、实训和生产。教师到企业实践，企业管理人员、生产人员到校任教，实现学生的专业职业能力与企业岗位职业能力相对接，实习实训环境与企业生产环境相一致。

2. 生产场地进驻院校模式

学院引进企业进驻学校，企业按照生产管理要求提供建设生产场地的标准、产品与服务生产的原材料和产品的

销售；学校提供符合企业生产要求的环境、场地和设备，建立生产型实训基地。企业选派人员管理基地生产经营，指导师生的生产、实践和实习实训，帮助学校建立实训课程体系；学校按照生产要求，将实训课程体系纳入整个教学体系当中，安排学生到基地顶岗实习，派教师到基地实践，输送优秀毕业生充实企业员工队伍，解决了职业院校缺乏真实生产场地的困难。

5.4.2 加强校企合作内涵上的对接，发挥"双师型"教师的作用

校企合作最终要体现在课程体系如何与岗位职业标准对接上，这是实现学生专业职业能力与企业岗位能力零距离对接的关键环节，也是教师专业职业能力与企业岗位能力零距离对接的关键环节，因此教师对接后才能有学生对接。

1. 旅游专业教师与管理人员对接

企业管理人员承担旅游管理专业的合作实践教学任务，与教师共同开发实践教学课程内容，负责学生的技能培训指导；旅游管理教师参与企业的技术革新、设备改造和新产品研发，承担企业员工继续教育的培训工作；旅游专业教师到合作企业顶岗实践，在内涵上真正建立专业教师与企业管理人员双向交流与互动机制，提高旅游管理专业学生实践能力，也提高企业员工的综合素质。通过校企合作实现专业教师与企业管理人员对接，切实培养、提升"双师型"教师的能力和素质，发挥"双师型"教师的作用，

构建校企教学研究团队和技术创新团队，深入钻研技术、研发新产品、新工艺、开发实践教学体系，提高教育教学水平和企业生产效率。

2. 实训基地与企业经营管理对接

学校的实训基地参与企业的营运生产流程，实训基地即企业的经营管理场所，承担企业的营运生产任务，同时承担师生的实习实训任务；企业的经营管理与学校的实践教学环节无缝对接，师生实际参与企业的运营过程，发挥实训基地与企业经营管理场所各自的优势，校企共建产业化实训基地。实训基地和生产场所的对接产业化实训基地直接参与企业生产和经营的全过程，不仅增强了学校的自我造血功能，使实训基地具备了自我更新的能力，同时也解决了实习实训原材料消耗问题，创造了经济效益，更加完善了"双师型"教师的培养。

总之，校企合作的核心是：共同开发专业职业能力培养体系标准，培养"双师型"教师，发挥"双师型"教师的作用，实现课程体系与职业标准对接。只有这样，校企合作才能最终变成现实，形成校企共建、资源共享、优势互补、利益双赢的人才培养新模式。

第 6 章
课程与教学体系改革

从 20 世纪 80 年代中后期到 21 世纪，旅游业的长足发展是有目共睹的。与此同时，为旅游业提供人才的旅游教育也得到了突飞猛进的发展。然而，伴随着旅游高等教育的发展，在竞争激烈的旅游人才市场上，旅游管理专业的毕业生所遭遇的处境也不断地暴露出旅游教育存在的问题。一方面，本科旅游管理专业学生实际操作能力比不上高职学历和大专学历的学生；另一方面，研究生在理论上面又占了较大优势，所以本科学历学生正处在一个比较尴尬的处境，这使得本科学历的学生就业形势更加严峻。而导致这种情况出现的原因之一就是，我国高等教育的旅游管理专业课程设置和教学体系不合理。那么如何从根本上摆脱高等教育旅游管理专业课程设置与教学体系方面的种种问题，从而进一步提升旅游管理专业学生的教学质量呢？主要可从以下几个方面进行改革。

6.1 全面优化课程教学体系

科学合理的课程体系是实现培养目标、提高人才培养质量的关键所在。旅游管理专业是应用性、实践性极强的专业，基于应用型、创新型人才培养的目标定位，课程体系既要遵循高等教育教学的发展规律，又要适应社会对人才的客观要求；既要训练学生掌握操作技能，又要为他们的职业经理人生涯和今后更广阔领域的发展奠定坚实的学科理论基础。

旅游管理专业自创建以来，致力于"培养具有创新精神和实践能力的应用技能型人才"，使我院旅游管理专业的毕业生成为具有良好的综合素质，熟悉旅游市场，具备旅游管理专业的理论知识和操作技能，有较强的涉外能力和创新能力，适应旅行社、景区（点）、酒店、宾馆等企业经营管理、服务一线需要的实用型专业人才和创业型人才。为了实现上述培养目标，该专业制定了一套科学适用、以应用为主旨和特征的教学内容和课程体系。

6.1.1 课程的设置

1. 课程设置的原则

课程设置是任何一个专业成功与否的重要环节。经过认真思考和探索，并借鉴国内外高等教育兄弟院校旅游管理专业课程设置的特点，结合珠三角旅游市场对旅游管理人才的要求，我们在进行旅游管理专业课程设置时主要遵循了以下几方面的原则。

（1）以应用技能为中心设置课程。高等教育旨在培养具有创新精神和实践能力的应用技能型人才。我们在课程设置时摒弃了传统高校以学科为中心的做法，而是以培养目标应用为中心。从旅游业职业岗位所要求的职业能力（见图6-1）出发，分析各种技术人才所必须具备的知识、技术和能力，以此为核心形成一套完整的课程体系（见表6-1）。

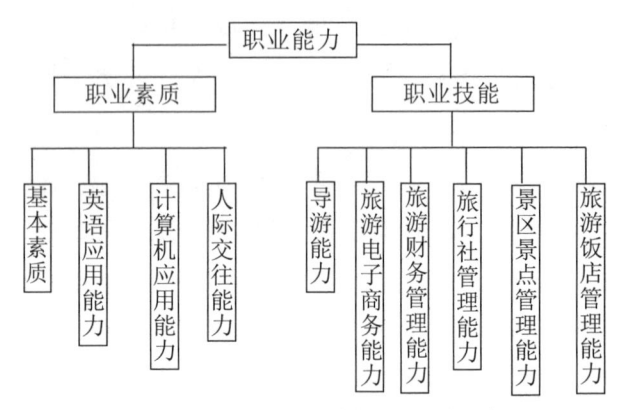

图 6-1 旅游管理专业学生职业能力分解图

表 6-1 能力分解及对应课程体系表

综合能力	专项能力	能力要素	课程设置
基本素质	政治素质，思想品德，职业道德，身心素质	热爱祖国，树立正确的世界观和人生观；敬岗爱业，具有较强的责任心、事业心和法制观念	政治理论课、德育课、旅游法规
英语应用能力	基础英语、专业英语应用能力	具有一定的英语听、说、读、写能力和较高的旅游英语会话水平	大学英语、旅游管理专业英语、旅游国际英语
计算机应用能力	计算机应用能力	能应用计算机处理日常事务，掌握计算机编程技术	计算机应用基础、计算机网络基础
人际关系能力	人际沟通与协调能力	具有较强的群体意识与合作精神，掌握一定的公关技巧	公共关系、服务礼仪、应用文写作、旅游心理学、旅游产业文化
导游能力	导游能力	具有较强的旅游现场导游能力	导游实务
旅游电子商务能力	旅游电子商务能力	能用电子商务处理旅游业务，能进行旅游网页的制作与管理	旅游电子商务、旅游信息管理

续表 6-1

综合能力	专项能力	能力要素	课程设置
旅游财务管理能力	旅游财务管理能力	熟悉旅游企业的财务工作,能进行旅游企业的财务管理	会计学基础、旅游经济学、旅游企业财务管理
旅行社管理能力	旅行社管理能力	熟悉旅行社的业务动作程序和过程,能进行旅行社的经营与管理	旅行社经营与管理
景区景点管理能力	旅游地规划设计与管理	熟悉旅游规划设计的内容和程序,具有较强的旅游地管理能力	旅游地理学、旅游广告学、旅游资源开发与管理;会展旅游
旅游饭店管理能力	旅游饭店管理能力	熟悉旅游饭店的经营管理内容和程序,具有一定的旅游饭店管理能力	现代旅游饭店管理、酒店管理

（2）以培养实用型和复合型人才为目标设置课程。作为高等教育的旅游管理专业，具有面向地方、面向社会及面向基层的特性，因而决定了其培养目标的实用型和复合型。实用型指学生所学知识是旅游行业使用的技能与工作程序，学生毕业与从业之间不存在再培训阶段，可直接上岗。然而，由于目前科学技术水平的发展日新月异，需求复杂化和市场不稳定因素加剧，如果仅强调实用型，则会出现学生所学知识生命周期太短的问题。因而要以实用为特点，同时加强复合型的特点；既拓宽学生的知识面，又培养学生较强的再学习能力，走宽、专、多能的道路。目前，旅游管理专业课程正是遵循这一原则而设置。以旅游行业现行的管理规范设置课程，同时给予学生现代社会再

学习的基本能力。如旅游管理开设了《高等数学》《管理学原理》《会计学基础》《旅游经济学》《旅游市场营销》等课程，这都为学生毕业时或今后继续研读旅游类和经济、管理类研究生专业做了准备，使学生有更多的发展机会。

2. 根据相对运动原则设置课程

根据相对运动原则，设置课程是指随着社会和企业需要，随着科学技术的不断发展，专业课程设置在一定时期内产生相应的变化。这主要是由该专业应用型为主的培养目标所决定的。本专业自开办以来，专业课程每一年都会开设，并会做出相应改变。比如在14级教学计划的基础上制定了15、16级的教学计划。每一次新制定教学计划时，都会根据专业人士的建议，以及社会调查反馈的信息对前面的教学计划进行调整。如根据该专业学生生源素质一般、历史文化知识功底不深等特点，本专业在14、15级教学计划的基础上，在16级的教学计划中加开了《旅游管理专业导论》《旅游管理技能实训》《旅游管理专业实习》等课程。此外，我们还根据湛江及珠三角地区旅游资源丰富的特点，我们在16级的教学计划中增开了《创新与创业实习》等课程。

3. 根据能力层级递进原则设置课程

旅游管理专业课程设置倡导以技能为主导。技能教育不是教学的补充，也不是一种理论课的解释，而是全部教学出发点和核心，有自己的体系与层次。在旅游管理专业课程设置中，首先要明确的是旅游管理专业管理人员应该具备的技术与能力，并根据其内在的规律分为初级技术、中级技术与高级技术，一般能力、核心能力和专业能力。

其中，初级技术主要包括旅游基本礼仪，旅行社组团、接团、导游等基本操作步骤等；中级技术主要包括旅行社、景区、旅游公司公关、市场营销等；高级技术包括旅行社、景区、旅游公司财务管理、成本控制、电子商务管理、投资分析与可行性论证、旅游规划设计等。专业技能应与相关专业课以及基础课一起构成该专业的全部课程。

6.1.2 理论课程体系设置

目前，我国高校旅游管理专业整个课程设置从纵向上可分为公共课程模块、专业理论模块、应用理论模块、行业常识模块、实践模块。

（1）公共课程模块可分为德育、综合素质课程和应用工具三部分。

（2）专业理论模块可分为基础理论和应用理论两部分，其中基础理论课程包括旅游学、管理学、经济学等，主要侧重原理性的知识，追求理论体系的完整性。而课程结构的功能定位就是在专业理论基础上，目的是为学习后续课程奠定理论基础。

（3）应用理论模块包括旅游学与其他学科相互交叉所形成的课程，如旅游心理学、旅游文化学、旅游经济学、旅游市场营销学、旅游人力资源管理、旅游信息管理等，这些课程在发展过程中不过分追求理论体系的完整性，多强调应用性，以够用为原则，具有明显的应用性指向。应用理论模块围绕的核心业务细分为饭店管理、旅行社管理和景区规划与管理三个模块，表明目前旅游管理专业的三个专业方向，其特点是强调实用性、重心侧重于管理流程，其内容与相关的培训课程近似。

（4）行业知识模块包括中外民俗、礼仪、客源国概况、旅游法规等课程，主要是旅游业所熟知的一些常识。

（5）实践模块包括专业实习、毕业论文以及社会实践，其特点是学生在一定的指导下独立完成。

旅游管理专业课程体系的设置首先是确定培养目标所需要的高级技能，以及达到该技能所必需的基础技术、能力和知识。为了使培养出来的学生有较强适应能力，体现一专多能，在此阶段应开设一些与本专业相关的技能与知识课。最后，基础课程主要是该专业所需的文化基础和学习手段。因此将课程体系分为基础课、专业基础课和专业课三部分。

基础课部分主要学习一些文化课程，旨在提高学生的文化素养和基本素质。例如，从事管理工作，需要管理数学和一定的哲学及经济学知识。这一部分以"必须、够用"为原则，开设的课程主要有《高等数学》《政治理论课》《管理学基础》《大学英语》《计算机应用基础》等。

专业基础课部分，主要是为学习专业课及从事旅游行业工作做准备，包括从业基本能力和心理准备。旅游管理行业是高接触行业，与各方面人士交往是其职业特点，在能力准备上必须有良好的交际能力，因而语言能力培养、交际能力培养成为专业基础课程。在行业准备方面，最主要的是心理素质和人格素质的准备，包括礼貌、职业道德、行为作风、旅游审美等。这一部分开设的课程主要有《商务礼仪》《旅游职业素养》《旅游美学》《旅游心理学》《旅游概论》《旅游地理》《旅游市场营销》等。

专业课部分，主要针对旅游行业岗位技能特点开设课程。包括在景区、旅行社、旅游公司从事导游解说、组团、接团、带团、规划设计、财务、人力资源、物业等方面的管理。这一部分开设的课程主要有《旅行社运行管理》《导游原理与业务》《模拟导游》《旅游资源开发与管理》《旅游企业财务管理》等。

在细化管理类人才必备能力和素质的基础上，以教学内容为主线，构建"平台+模块"的课程体系，形成素质能力模块，实施模块化、层次化教学，培养学生的行业素质，特别是职业意识、职业态度和职业能力。其中，"平台"由公共基础课、专业基础课程构成，体现管理类专业人才培养的共性，体现"厚基础、宽口径"的特点；"模块"由专业方向课、专业拓展课和第二课堂构成，体现个性培养、专业方向人才的分流培养。我们将通过认真研究各门课程内容之间的联系，提高课程的系统性，同时注重课程开设的先后顺序，考虑课程教学和职业资格证书考试的有机衔接，提高学生对课程内容的理解能力。

6.1.3 系统的实践教学环节

为了培养适合社会需要的人才，突出以应用型技能型人才培养为核心，本专业课程体系中设置了系统的实践教学环节。几乎所有的专业课程都融入了实践教学环节。在实践教学的设置和安排上，我们坚持学校与社会相结合、定点与流动相结合、定期与机动相结合、长期与短期相结合、课上与课下相结合、学习与实践相结合、服务与实践相结合。通过上述特色鲜明的教学和实训活动，我们可以培养学生的学习研究能力、业务操作能力、可持续发展能力及创新能力，以缩短或消除学生将来就业的"磨合期"，使学生顺利地适应和创造性地开展将来的工作。为了提高学生的实操能力，本专业利用一、二年级的两个假期开展实训，分别安排了"旅游专业技能综合实习"和"旅游管理专业综合实习"。结合广东省导游员考试，安排学生主要就导游考试中现场导游考试部分所涉及的景区景点进行实地调查，让学生在考试前有一个感性认识，这样一方面可以锻炼学生野外进行资源调查的能力，另一方面可为导游考试做准备。旅游管理专业综合实习放在第四学期的暑假进行，学生可以分散进行，也可以集中进行。对于一部分已取得导游证的学生，可以去旅行社做导游。未取得导游证的同学，则可去旅行社、酒店、景区从事一线服务工作。

1. 建立专业综合实训室

各专业对学生的实践技能有很高的要求，在进行学生实践能力培养过程中进行大胆尝试，在企业的协助下开设具有一定的综合性和创新性的实验和实训课程来打破理论与实践之间的障碍，从而促使理论与实践紧密结合。

2. 构建实践教学新体系

应用型人才培养模式强调培养高素质应用型人才必须从重视学生实践能力着手，通过教学设计实践教学环节，突出学生实践能力的培养,将教学实践、生产实践、技术实践、社会实践和科研实践有机结合成一个完整的体系,与理论教学有机结合,相互渗透,并将常规实习与顶岗实习相结合,加强实习实践基地建设。

3. 开设第三学期

习惯上我们将第二学年和第三学年之间的暑假称为第三学期,运用第三学期安排学生进行顶岗实习,如果有特殊情况可以适当调整实习安排。为了让学生充分参与到企业实践中,教师在教学过程中更加注重学生核心技能的培养,也会将下一学期所要学的内容提前渗透给学生,学生在实践中,先对这些内容有一种感性的认识,这不仅能增强学生的实践能力,也能提高学生对新知识的理解能力。这种学习与实习相互交替,创新的"交互式"的实习方法弥补了传统的"3+1"教学模式的不足,能使学生更好地将所学知识运用到实践中。同时,学生将实习过程中遇到的问题带回课堂,由同学和老师共同解决,也使教师的能力和学生一起得到提升。

我国旅游高等教育起步较晚,是在改革开放后随着旅游业和高等教育的发展而不断发展的。在此之前,旅游教育主要集中于对在职人员的培训,培训的对象是一线接待人员。因此,最初的课程设置更侧重于行业知识和服务技能,并占较大比重。1978年国际旅游行政管理部门正式成立旅游教育机构,先后与8所高等院校联合开办旅游系,这在很大程度上推动了旅游教育的发展和课程设置建设。此阶段的课程设置基本上处于起步阶段,各院校主要参照国外的课程设置情况，根据自己的师资力量以及对旅游专业的直观理解来设置课程，编写教材讲义。

6.2 构建立体化教学方式

目前，高等教育正在由应试教育向素质教育转轨，应该尊重认知规律和新时代学生的学习能力和学习兴趣，加强学生自主学习能力和思维能力的培养。我国现有的旅游从业人员队伍中，从业人员的文化素质、知识结构及岗位技能等方面，均无法跟上产业发展和产业竞争的需求，这在很大程度上影响和制约了我国旅游业的发展。因此，旅游管理专业的教学必须立足现实，根据旅游业的结构、从业人员工作岗位的特点，合理调整旅游高等教育的结构，培养不同层次、不同岗位所需知识、能力的管理服务人才，以适应旅游业的发展和国际旅游市场竞争日趋激烈的形势。

在该专业的教学中，必须通过各种方法使学生学会认知、学会做事、学会发展。根据该专业的学科特点，综合运用"案例教学法""无领导小组讨论法""情景模拟教学法""项目教学法"等教学方法，确定学生的主体性，激发其创新意识。并通过"任务筐"和"问题引导"，使学生可以综合运用所学知识，解决实践中的问题，完成相关任务。

6.2.1 加大案例教学法的运用

所谓案例教学，就是教师在教学活动中根据课堂教学目的和要求，通过组织学生对案例的调查、阅读、思考、分析、讨论和交流等活动，使学生了解分析问题和解决问题的方法，进而提高学生分析问题和解决问题的能力，加深学生对基本概念和原理的理解和运用的一种特定的教学方法。旅游管理专业具有综合性，既要重视理论知识的学习，也要注重培养独立学习能力和实践能力，因此，该学科的教学就应该与具体实践相结合，如果仅靠纯理论教学是无法达到理想教学效果的。然而，传统的教学仍然是"填鸭式"的讲课方式，学生大多是知识的被动接受者。这样的教学模式已经严重影响到学生沟通能力、创新能力的培养和提高，使学生难以适应旅游人才的需求。而案例教学法正是以其独特的优势，适应了旅游教学改革的要求，为学生提供一种真实的环境，提供可进行分析的素材和机会，通过大量案例学习，使学生能够获得更多技能的训练，使其在分析问题、解决问题等方面的训练得到强化，从而培养和提高学生的沟通能力、创新能力，使学生理论与实践相结合，在专业能力和素质方面得到极大的提高。

目前，案例教学法在很多专业课程教学中运用比较广泛，但个人认为，实际上还存在如下一些问题，如：案例选取不恰当、案例数量不足、即时案例缺乏、学生参与性不高等。为了更好地把案例教学法运用起来，可以尝试从以下方面去努力。

1. 教师案例导入

案例导入要能吸引学生注意力。案例的导入是为了让学生更快地融入案例情境中，使学生进入"角色"，从而体会案例中遇到的问题，并找到最终解决问题的方案。例如，在开展"与时俱进：顺应绿色健康的餐饮潮流"案例前，教师可以采用这样的导入语："现在，随着生活水平的提高，我们经常在同学聚会、朋友聚餐时选择去一些饭店消费，对不对？但是长时间后，我们对那些鸡鸭鱼肉都吃腻了，经常光顾的餐馆也不愿意去了，但是我们发现餐馆并没有关闭，反而更加火爆了。究其原因，原来是为了迎合大众需求变化，餐馆老板纷纷改变了经营策略，走起了时尚路线——绿色餐饮。那么同学们，绿色餐饮究竟是怎么回事？大家知道吗？现在我们就来介绍一下绿色餐饮的基本概念及其内容。"

至此，导入完毕。教师可以系统阐述绿色餐饮的基本概念及特征，交代绿色餐饮应该遵循的原则等理论知识，在知识点讲授完毕后，将案例呈给学生。

2. 学生案例分析

学生案例分析的过程，也是个人创造性学习的过程。在这个环节，学生通过认真阅读案例，利用案例所提供的情节内容或相关的背景资料来找出案例中存在的问题，并区分一般问题和疑难问题，以便制定解决方案或对策，从而培养学生获取信息和分析信息的能力，提高他们的分析、判断、归纳和推理等方面的能力。例如上述案例中，在学生阅读后，教师引导学生对案例进行分析，把握案例中的事实信息。如案例的背景发生在餐饮部门，接下来，学生应认真分析案例中的问题情境，如案例中出现的问题是什么？发生这样问题的原因又在何处？需要怎样解决？解决后的效果如何？带着这些问题，学生可以主动查阅相关资料，通过认真思考和分析，得出自己的判断，并可将自己对案例的看法和见解记录下来，以便在下个阶段中做进一步讨论。

3. 学生案例讨论

案例讨论环节可以把全班同学进行分组，针对已提出的问题，学生各抒己见，陈述自己的理由和依据，充分表达各自的想法和意见。由于每个学生不同，可能会产生多种不同的看法，因此这就需要不同的方案进行分析和比较，集思广益，通过不同的思维碰撞，最终形成一致的解决方案。在这个阶段，不同的小组或学生之间会产生不同意见和观点，由此产生争论，而教师应调动全体学生的情绪，使其保持高昂的热情和积极的参与度，这样的交流可以充分激发学生蕴涵的潜力，让学生养成从不同角度来思考同一问题的思维习惯，从而提高其分析和解决问题的能力。

4. 教师案例总结

师对旅游案例教学准备的总结，主要包括以下几个方面：课前的物质准备和心理准备是否充分；对案例教学的重点和难点的考虑是否与课堂教学需求相符；对教学实施的安排是否与实际的实施过程相差很大等。例如，在上述案例中，教师在课堂结束前可向同学提出问题：通过这节课的学习，你对绿色餐饮有了哪些新的认识？学生通过课后认真反思，既对所学的理论知识进行巩固，又可锻炼学生的思维能力。

6.2.2 多渠道提高教学质量

1. 改变教学方式，提高教学效率和质量

旅游管理教学要树立以学生为主体的观念，改革传统的教学模式和方法，推行启发式、讨论式、研究式等教学方法。突出课堂教学、案例教学、实践教学等环节，不断提升教学的效率与质量。

2. 采用综合集成、面向对象的多元化教学方式

教师在授课时应注意处理好灌输和引导、讲授与讨论、理论与实践之间的关系。一方面要增加课程教学中的知识点，尝试多种教学方式的交叉应用，如课堂讨论、网上论坛、专题报告、案例分析等；另一方面要探索其他教学方式，提高学生的动手能力，如进一步完善导师制，在导师的指导下，撰写专业论文和旅游产品营销策划、进行实地考察等。

（1）提高教学手段的现代化和信息化水平。旅游管理专业教学对现代化教学要求较高，它需要教学内容做到"图文并茂"。因此，教师在课堂教学中应尽可能地使用CAJ课件，将课程理论、景区状况和企业案例结合起来，进行全方位、互动式教学，并尽量使用校园网络信息资源，以节约课堂时间，提高教学效率。

（2）加强师生联系，提供良好的学习环境和服务。教师应该经常组织教学座谈会，倾听学生对教学条件、教学方法、教学内容等方面的意见和建议，同时组织学生参加旅游市场调研和各种专业讲座与报告。教师要密切关注旅游业的最新发展动态，及时掌握社会对旅游管理人才的需求状况，并把这些最新情况告诉学生，以激发学生学习的兴趣和动力。

3. 加强理论实践型教师队伍的培养

师资是教育的永恒问题，对尚属年轻的旅游教育而言，师资问题更显重要。除去办学条件、教学管理以外，师资水平的高低是决定教学质量的重要因素。要实现高层次的旅游人才培养目标，就必须建设一支素质高、结构优化、"能文能武"的教师队伍。可以争取"走出去，请进来"的办法，积极创造机会，让现有的专职教师到行业中挂职学习，尽可能获得相应的资格证书，增加实践经验。同时招聘有丰富经验的人，经过教育心理学和教学方法的学习，补充到教师队伍中来。对多数高校来说，在现有的教师队伍中进行重点培养和逐步进修，甚至到那些旅游高等教育较为发达的国家进行短期学习是一种颇为有效的方法。对于旅游专业的教师来说，应经常与各类旅游企业保持联系，有机会最好能在相关企业兼任一定职务，这样可以锻炼教师的实际工作能力，增加教师的实践经验，教师自然而然会把这些经验和知识带到教学中、传授给学生，学生也不会认为站在讲台上的教师只会纸上谈兵。

4. 突出实践环节，培养职业能力

结合我国旅游业的实际，应当加大实践课在教学计划中的比例，学生在企业的实习至少应在半年以上。高校的旅游教育应当开展校内模拟训练和到旅游实际部门实习，并建立起新的教学实践模式，把实践教学的内容加入到课

程设计和毕业设计之中，使实践教学立体化。在教学安排上，教学时应向专业课、实作课倾斜。针对旅游企业对其员工实作能力要求较高的特点，应增加旅游专业学生到企业实习的时间，增加实践的机会，比如将现在大学旅游教育中较长时间的毕业实习改为安排时间较短、但穿插于重要课程学习之中或各个学期之间的见习、实习。不一定都集中在毕业前实习，最好新生进校学习一年理论知识后就到相关单位实习半年，然后回学校学习提高，毕业前再到酒店实习半年。在第一学期就能让学生参与到实践中，后几个学期的学习兴趣和钻研精神以至理解能力肯定会有很大提高。

旅游管理专业是一种实践性很强的专业，专业课的教学主要采用实践教学法，增加实践课的学时，增加综合实训的内容，并对实践内容进行考核，形成一整套完整的考核体系。其内容安排大多数与工厂实际相连，让学生感到学习既有压力又有动力，使学生由"要我学"变为"我要学"。这一教学方法受到了学生的欢迎，很多学生都说实践教学法使他们的在校学习生活更加充实、有趣，效果非常好。

6.3 强化教学实践环节

专业技能实习是进入旅游行业工作的基本技能要求。它不仅仅对高职类学生是必需的，对本科学生来说同样也是必需的。不仅如此，它还是之前所述及培养目标实现的较为关键的一环。如果学生没有这种基础的技能培养，就无法做好基层工作，也就难以成长为具有较高综合能力的旅游中高级管理者。较高的综合能力必须在具体的实践环境中培养和形成。专业技能的学习和运用可以使学生领悟文化、素质的重要性。对于旅游行业来说，这些内容与技能是相辅相成的，技能并不是绝对和唯一的。同时，在专业技能实践中，学生可以思索一些简单的管理问题。

6.3.1 加强信息技术应用

加强本专业课程课件与精品课程的建设，利用课件进行多媒体技术教学。本课程教师都应该使用多媒体课件进行教学，改变原来黑板加粉笔的教学状况，使现代化的教学手段得到充分的运用，使课堂教学能够给学生更多的信息，把教学时间主要集中于对重点问题的分析，不再以照本宣科的方式来进行教学，从而改变课程教学的状况。同时，还应鼓励学生充分利用网络资源查找疑难问题，学生通过上网查找资料，可以提升学生通过网络获取学习资料的能力。

6.3.2 重视教学体系建设

要高度重视实践教学体系建设。要建立专业认知实习、实验教学和专业实习、第二课堂四个层次的实践教学平台，着重培养学生的基本技能。创新能力来源于宽厚的基础知识和良好的基本素质，因此要挖掘学生的学习潜力，激发他们的学习激情，培养学生的创新能力。

根据目前旅游产业的特点，该项实习内容应包括饭店、旅行社（含导游）、景区三大部分，要求熟悉三大行业的基本服务技能和相应的工作流程、各大工作岗位的特点。基本技能的培养可以在上课过程中通过课堂教育、实验室操作等完成。同时还需要集中一段时间到真实的工作岗位上去体会，时间一般安排在课程结束后。理论上，我们要求尽可能地熟悉每个工作岗位的情况，但现实条件往往不允许，所以一般尽量地熟悉和体验一个或两个工作岗位，通过参观、临时上岗和听报告等来了解其他工作岗位的情况。

经过行业认知调查和专业技能实训这两个阶段的实习，学生对旅游产业的特点、工作情况已经有所认识和感悟，那么对综合实习的内容也会有所选择。此时，学校可以力所能及地根据学生的意愿安排实习单位和岗位。该阶段的实习侧重于所学管理理论的综合思考与运用，所以学校和实习单位除了提供一般简单岗位的技能实习外，还应尽量提供岗位轮换、工作扩大化与丰富化的实习条件。简单、低层次的管理岗位可让学生进行顶岗实习，复杂的、较高的管理岗位可让学生参与其中的部分工作。通过这一阶段的实习，学生将充分运用所学习的经管知识、营销知识、文化知识，提高管理能力，思考更多的管理问题，从而形成中高级管理工作者的潜在能力，并把所思所想写成一份实实在在的报告。

6.3.3 增加实践环节学时

学时方面，应增加实践教学环节的学时。具体表现在两方面：一是将认知实习时间由通常的一周增加到两周，增加实习准备阶段和交流讨论实习心得阶段；二是增加校内实训课的学时，主要指专业实训课程的实践部分学时，如表 6-2 所示。

表 6-2　实践教学环节的学时安排

实践内容	开课学期	学时	实践方式	能力培养和实践目的	考核方式
军训	一	2	参加军事训练	培养组织纪律性及吃苦耐劳精神	训练表现
行业调查	二	6	实践专家关于产业、行业的专业讲座、亲身参观体验	基础能力（整体思考策划、沟通、协调能力等）的培养；关注行业发展的基本意识和习惯的形成	调查报告等
专业技能实习	三、六	20	授课过程中的实验室训练、案例探讨、线路（资源）参观、真实岗位实习等	培养沟通协调、发现问题的能力；熟悉基本服务技能、工作流程、工作岗位的要求；明白文化修养的重要性；增强文化功底	技能考核、场景模拟考核、简单的实践报告等
综合实习	七、一、八	11	简单管理岗位的顶岗实习、复杂管理岗位的参与实习、工作轮换、工作扩大化与丰富化等	管理理论和知识运用的能力、发现和思考解决问题的能力、沟通协调能力；明白管理工作者的工作范畴和要求	问题报告和实习报告等

6.3.4 增加实践教学经费

增加实践教学经费是保障实践教学课程体系顺利运行的基础。旅游管理专业的实习经费主要用于旅游认知实习和校内实训室的建设。通过调查发现，由于经费不足，取消了旅游认知实习环节，校内实训室条件也非常简陋，有些课程还没有建立校内实训室，严重影响了实践教学环节的有效运行。因此，必须加强旅游管理专业实践教学的经费支撑，以保障实践教学课程体系的顺利运行。

对旅游管理专业教学的探讨是一个长期的过程，只有不断地审视时刻发展变化着的时代背景，遵循客观事务发展变化的规律，对旅游专业的教学进行及时的调整和改革，才能为旅游专业的持续健康发展注入活力，才能真正为我国旅游事业输送大量优秀人才。

第 7 章
建立全面的教学效果评价机制

7.1 强化教学质量管理和监督工作

所谓教学质量监督，是指监控组织通过对教学质量的持续监督，定期收集有关教学工作质量、教学成果质量和办学条件质量等方面的信息，在分析整理的基础上发现可能存在的问题，对教学行为及时调控，以稳定与提高教学质量的过程。实施教学质量监督是高校管理工作中的一个重要环节，它是教学管理者通过一定的管理手段，对教学活动进行统筹规划、组织实施、监督控制、指挥协调的一系列活动，从而使教学活动达到既定目标的过程，是保证教学活动正常进行的中枢环节，也是提高教学质量、取得教学效果的根本保证。而教学质量与监控始终是教学管理工作中对立、统一的两个方面，监督是手段，提高质量才是目的。因此应树立全员质量监控的观念，使学校管理者与教师、学生之间消除对立、形成共识。

进行有效监控是转变教师教学质量观的重要途径。提高教学质量不仅限于教学结果的质量，更重要的是提高教学全过程的各项工作和各个环节的质量。教学质量反映在教学全过程，因此，教学质量监控也应该反映出"教"与

"学"的两个方面，并把它纳入整个教学过程之中，使教学过程成为不断反馈、不断调节、不断改进的反复进行的动态过程，尽量减少教师在教学过程中的失误，使全体学生达到教学目标的要求，从而大面积提高教学质量。

鉴于上述论述在高校教育教学中的重要意义，教育部在《关于贯彻落实科学发展观，进一步推进义务教育均衡发展的意见》（教基〔2010〕1号）中强调，"要制定具体措施和办法尽快提高农村和薄弱学校教学质量。要探索建立学校教育质量监测评价制度、教育质量目标管理制度和提高教育质量的保障机制"。因此，对于我校的旅游管理专业来说，作为寸金学院的特色专业，更应该加强教学质量管理与监督。

7.2 强化旅游管理专业的教学质量与监督的方法

7.2.1 建立统一的旅游管理专业本科生教育基准

在国外，专业学位因为与社会需求联系紧密而受到学生的青睐，从他们的发展经验来看，统一的本科生培养水平基准在专业学位教育教学中起着重要的作用。根据社会的实际需要制定相应的能力培养方案，对目标能力进行分解，制定统一的旅游管理专业培养水平基准，有利于规范旅游管理专业学位本科生教育，保证其教学质量。从目前我国的旅游管理专业本科生教育管理体制来看，全国旅游管理专业本科生教育指导委员会承担着重要的外部保障责任，应充分发挥其功能，逐步建立起旅游管理专业本科生学位教育基准，规范和推动旅游管理专业学位教育的发展。同时，旅游管理专业学位本科生教育基准的建立，也将为教学质量保障工作指明方向。

7.2.2 开设一些实务性较强的选修课程

课程是教学质量的重要保证，对以培养应用型专门人才为目标的旅游管理专业学位本科生教学来说，开设一些实务性的课程是必不可少的。这就需要在充分调研实践需求的基础上进行选择，并在综合考虑各种因素之后确定开设，如课程的讲授人、教学条件等。根据不同专业的特点，有针对性地开设课程，如旅游管理专业教学专业领域考虑培养的目标是旅游管理专业的专业人才，还是实践中旅游管理经验丰富的实践性人才，相应的一些课程应该为实现这些培养目标提供理论支撑。实务性的课程应包括用于实践的操作技术、本专业领域当前的形势与问题等。这些课程的开设有利于学生全面认识和正确处理实践中的问题，从而真正提高实践能力。

7.2.3 抓好旅游管理专业学位本科生实践教学监督工作

专业学位的教育目标是培养具有较强的专业能力和职业素养、能够创造性地从事实际工作的高层次应用型专门人才。专业实践是重要的教学环节，充分的、高质量的专业实践是专业学位教育质量的重要保证。实践教学是旅游管理专业学位本科生教学体系的重要组成部分，是培养学生基本技能、实践能力、创新精神的有效途径。对旅游管理专业本科生来说，学习的最终目的不在于求知，而在于致用。实践教学能够最大限度地开发学生的致用潜能，培养其运用知识、创造知识的能力。同时，通过实践教学，可以使学生将专业理论知识运用到实践中去，还可以在掌握实验方法、操作规范和技能的基础上，培养学生发现问题、分析问题和创造性地解决问题的能力。因此，实践教学是实现旅游管理专业学位本科生培养目标的重要环节。而实践教学必须要保障教学质量，这就需要加强对实践教学的监控和管理。而保障实践教学条件是保障教学质量的前提，除各培养单位校内已有的实践教学条件外，可以加强与校外实践单位的合作，为本科生创造良好的校内外实践环境。其次是完善实践教学规章制度，及时建立和更新实践教学各项规章制度，规范实践教学管理。

7.3 校企共同探索教学效果评价制度

在独立学院的本科人才培养模式中，"校企合作，协同育人"是独立学院应用型人才培养模式改革的基本方向，而实践教学是教学中的重要环节。在校企合作机制下，学生参与顶岗实习，已经成为最主要的实践教学模式，这对学生综合实践能力的培养起着非常重要的作用。因此，在校企合作机制下的实践教学质量的高低，对于人才培养质量的优劣有着重要的影响。那么在这种校企共建的人才培养模型下，如何建立教学效果评价就成了重要的研究课题。

在校企合作机制下实践教学质量评价的研究，目前还处于评价体系构建和实证研究的探索阶段。基于我院的学科特点与我校学生的特点，构建了校企共同建立教学效果评价体系的模型，建立了旅游管理专业校企评价体系。

7.3.1 旅游管理专业教学效果评价指标体系的设计原则

建立科学的绩效评价指标体系是完成绩效评价的前提，教学效果评价关乎学校教学质量，关乎学生的学习效果，是个复杂的系统，涉及方方面面的内容。旅游管理专业教学效果评价指标涉及多个层次的内容，如何在众多的指标中挑选出可以合理度量教学效果的指标，也就变得复杂。这就要求我们在研究评价指标体系时紧紧围绕教学目标做出判断，从全局出发，同时也需要一些原则对指标的选择做出规范。在参考有关政策评价指标文献的基础上，归纳出以下原则。

1. 客观性原则

客观性是具有主观能动性的人进行意识活动最根本的原则，需要客观真实地评价出政策效果。在寸金学院教学绩效评价中，无论是管理指标、经济指标、社会生态指标等多个层次的指标都需要有客观真实的数据，才能真正地评价出政策效果。

2. 系统性原则

构建旅游管理专业教学效果评价体系要求遵循系统性

原则，能够全面反应政策效果。教学效果评价指标体系涉及较多的因素，但并不相互独立，每个层次的指标作为一个子系统，是相互影响、相互联系的，而各个子系统又相互联系，构成整个指标体系。

3. 可操作性原则

建立评价指标体系的主要目的是通过指标体系的构建，运用自然科学的分析方法得到评价结果。这就要求评价指标体系必须具有可操作性，且数据的获取与计算都不能特别困难。一般来说，指标选取得越多，越容易反映客观事实。但是在实际操作过程中，大量的指标也会带来操作上的混乱，尤其对于旅游管理专业教学效果评价这种涉及多层次的系统来说，选择可操作性的指标可以为评价工作带来很多便利，但这个选择必须是对于科学、系统的大局来说。

7.3.2 旅游管理专业教学效果评价体系的标准

教学效果评价是一项紧紧围绕教学效果开展的活动，其目的就是为了弄清楚教学效果是否达到了预期的目标，是否需要改进或者废止。教学效果评价标准是在对一项教学结果进行分析与评价时应该遵循的准则，是对教学质量价值的判断准则，它是开展教学质量评价的前提之一。没有评价标准，就没有一个统一的尺度对评价内容进行评判。因此，构建旅游管理专业教学效果评价指标体系的选取标准成了构建指标体系的重要环节。

在实际的教学活动中，由于教学环境不同，教学变量因素多，评价标准也大不相同。即使评价内容一样，采取不同的评价标准，评价结论也大相径庭。我们从旅游管理专业教学效果评价的实际情况出发，在以往资料的基础上，确定了以下绩效评价标准。

1. **效益性标准**

教学成果效益性标准，主要是指对教学活动在运行过程中应该遵守的规则。主要内容有：教学实施时限，即是否在规定的时间内按照教学授课计划达到教学目标；教学活动落实程度，是否按照政策方案把教学计划落到实处；教学监督是否起作用；教学反馈是否真的执行等。对教学成果的最终评价在一定程度上是要落实到对教学效益的评价。

2. **效率性标准**

在当今资源稀缺的社会，学校需要解决的教学问题也越来越多，因此，效率也变得极为重要。教学成果效率主要是指成本与收益的状况，而我们追求的是一种投入的政策成本少、收益最大化的政策效率。教学效率高，在一定程度上可以说这个教学过程是成功的。

3. **回应性标准**

教学效果的回应性标准是指教学活动实施后的结果，即是否解决了问题，满足了特定群体的需求。教学效果评价者可以通过目前群体的态度，得到教学过程执行的相关信息，为政策接下来的方向做判断。通过教学效果评价的回应性标准，能够测出教学对象对教学过程的满意度及反馈意见，促进教学过程向着教学目标发展，促进教学效果评价工作的顺利完成，提高效率，减少资源浪费等。

7.3.3 旅游管理专业教学评价指标体系的建立

根据以上建立指标体系的原则，参照寸金学院教学评价的主要内容，在参考现有的对教学效果评价研究的基础上，向经济学、统计学、教育学等相关领域的专家咨询意见，从与校企合作密切相关的三大主体，即学校、学生、企业出发，对独立学院的旅游人才培养所包含的因素整理归类。在意见相对一致情况下，确定了独立学院本科旅游人才培养绩效评价的各级指标，最终构建了旅游管理专业教学评价指标体系，并将其分为三层：目标层、准则层、指标层。目标层是旅游管理专业教学评价，准则层是目标层的分解层，指标层是影响准则层的因素所构成的指标层。

①目标层（A）即旅游管理专业教学评价指标体系，就是对旅游管理专业教学效果绩效的实际效果进行一个综合的评价，是总目标。

②准则层（B）是相对于旅游管理专业教学评价指标体系总体目标而设立的，共分为三层：学校教研绩效（B1）；学生学习绩效（B2）；企业使用绩效（B3）。

③指标层（C）是基于一级指标下的一系列基础指标，这些基础指标是旅游管理专业教学效果评价的最小的组成部门，经过咨询专家、阅读文献和实际调查，选择了能切实反映学校教研绩效、学生学习绩效、企业使用绩效的14个指标，如表7-1。

表 7-1 旅游管理专业教学评价指标体系

目标层（A）	准则层（B）	指标层（C）
旅游管理专业教学评价指标	学校教研绩效（B1）	课堂教学 C11
		实践教学 C12
		指导学生活动与竞赛 C13
		实验室建设 C14
		师资建设 C15
		教学成果与科研 C16
	学生学习绩效（B2）	参加活动表现 C21
		服务技能学习效果 C22
		旅游管理学科竞赛获奖 C23
		基础理论学习效果 C24
	企业使用绩效（B3）	团队协作能力 C31
		环境适应能力 C32
		自我控制能力 C33
		完成工作能力 C34

7.3.4 评价模型的构建

基于学校教学评价的特点，我们采用的是评价方法是AHP—模糊综合评价法，这种方法将层次分析法和模糊综合评价法相结合的方法。

1. 相关理论回顾

层次分析法，由美国控制论专家 L. A. Zaedh 于 1965 年发表了《模糊集合》这一开创性的论文，从此模糊数学诞生。模糊综合评判法的理论基础就是根源于这种模糊数学，它运用模糊数学的隶属度理论，把定性评价转化为定量评价，对受到多种因素影响的事物做系统性的评价。用这种方法得出的评价结果清晰，能较好地解决模糊的、难以量化的问题。

对于综合评价的方法，很多因素的评价都需要一个定数。而在实际过程中，很多因素是无法定量描述的，即使可以描述，也不能仅用一个简单的数字进行评价。例如评价一种食物的好坏，可以通过色香味等多种角度去评价。如果以一种评价因素去评价，显然，不同的人根据不同的喜好会有不同的评价结果。因此，为了得到相对公正的、客观的、正确的评价结果，应该采用模糊综合评价方法。

2. AHP—模糊综合评价法的模型构建

AHP—模糊综合评价法模型主要由两个部分组成：第一部分，层次分析法；第二部分，模糊综合评价。第二部分是基于第一部分的运算结果进行的，两者相辅相成，使得评价结果的可靠性有了很大提高。模型构建如图7-1所示。

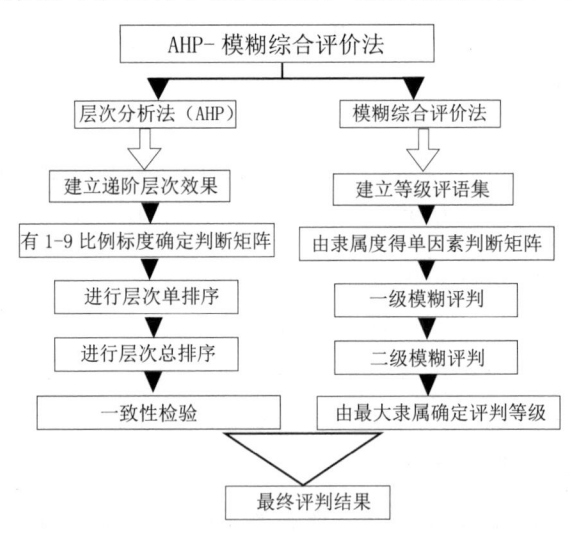

图7-1 AHP—模糊综合评价法的模型构建图

旅游管理专业教学效果评价 AHP—模糊综合评价法是把层次分析法和模糊综合评价法结合起来，对旅游管理专业政策进行的绩效评价。它有两个特点，其一是旅游管理专业教学效果评价，从根本上说，应该是定量评价与定性评价的结合，描述旅游管理专业教学效果既要有定量的数据分析，也要有定性的语言描述分析；其二是旅游管理专业教学效果评价，是一个需要考虑多种因素的综合评价问题。但是由于各种因素的影响，评价是由不同人的主观判断做出的，而且这种判断在一定程度上不可避免地会带有模糊的评价，因此，要做出客观、正确的、公正的政策评价，就必须找到适合其实际情况的、能够处理多种因素的模糊分析方法。

3. 运用层次分析法确定指标权重

指标体系确定之后，由于各个指标在整个体系中所占的比重不同，就要运用相关方法，确定各个指标在体系中的比重。如前所述，各指标权重的确定采用的是层次分析法。层次分析法的整个问题分析过程是从分解到判断再到综合的过程，使得问题的解决定量化、系统化、科学化。层次分析法确定指标权重的基本步骤如下。

（1）构造评价指标体系的递阶层次模型。层次分析法是基于具有层次的指标体系进行的运算。因此在运用这种方法之前，必须建立问题的评价指标体系，即对评价指标体系进行分层，确立层次分明的指标体系。给出评判的因素集和子因素集，因素集 $A=\{B_1, B_2, \cdots B_n\}$，子因素集 $B_i=\{C_{i1}, C_{i2}, \cdots C_{in}\}$，如图 7-2 所示。

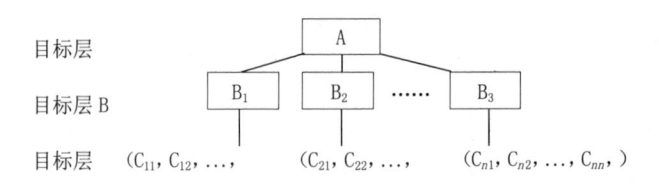

```
目标层              A
            ┌─────┼─────┐
目标层 B    B₁    B₂  ……  B₃

目标层   (C₁₁, C₁₂,…,)  (C₂₁, C₂₂,…,)  (Cₙ₁, Cₙ₂,…, Cₙₙ,)
```

图 7-2　评价指标层次递阶图

（2）构造指标两两比较的判断矩阵。专家根据 1—9 比例标度法，分别对每一层次的评价指标的相对重要性进行定性描述，并用定量法即准确的数字进行量化表达，数字的取值所代表的意义如表 7-2。

表 7-2　标度排列

标度 a_{ij}	定义
1	i 因素与 j 因素同样重要
3	i 因素与 j 因素较重要
5	i 因素与 j 因素较为重要
7	i 因素与 j 因素非常重要
9	i 因素与 j 因素绝对重要
2, 4, 6, 8	为两个判断之间的中间状态对应的标度值
倒数	若 i 因素与 j 因素比较，得到的判断值为 $a_{i,j}$，则 $a_{ji}=1/a_{i,j}$

通过咨询相关专家，比较分析 B 层因素和 A 层因素的相对重要性，可以得出 A—B 判断矩阵，如表 7-3。

表 7-3　A—B 判断矩阵

A	B_1	B_2	B_3	…	B_n
B_1	1	a_{21}	a_{13}	…	a_{1n}
B_2	a_{21}	1	a_{23}	…	a_{2n}
B_3	a_{31}	a_{32}	1	…	a_{3n}
…	…	…	…	…	…
B_n	a_{n1}	a_{n2}	a_{n3}	…	1

表中 $a_{ij}=B_i/B_j$，表示对于 A 总体评价目标而言，因素 B_i 对于 B_j 相对重要性的判断值，矩阵的特点是对角线上的元素是 1，表示每个元素相对于自己本身的重要性是 1。

（3）运用根法求解判断矩阵。在计算矩阵特征向量时，本文采用的是对数据精确度要求不高的根法。由于本文所涉及的判断矩阵特征向量的精度要求不是那么严谨，为了简化计算，选择了用根法计算特征向量和最大特征根。

（4）一致性检验。在实际解决问题的过程中，需要对判断矩阵进行一致性检验，以使其满足总体一致性。只有通过检验，才能继续分析结果，因此，这时的判断矩阵才是逻辑合理的。

一致性检验的步骤如下。

第一步，计算一致性指标 CI

$$CI = \lambda_{max}-n/(n-1)$$

第二步，查找相应的平均随机一致性指标 RI。对 $n=1\cdots9$ 给出了 RI 的值，如表 7-4 所示。

表 7-4 平均随机一致性指标 RI 的取值

阶数	1	2	3	4	5	6	7	8	9	10	11	12
RI 值	0.00	0.00	0.58	0.90	1.12	1.24	1.32	1.41	1.45	1.49	1.51	1.48

当 $CR(k) < 0.1$ 时，认为判断矩阵总体上的一致性是可接受的。

当 $n \geq 3$ 时，把 CI 与 RI 之比定义为一致性比率 CR。

$CR = CI/RI$

通常情况下，当 $CR < 0.10$ 时，认为判断矩阵具有满意的一致性，否则应对判断矩阵做一定程度的修正。

4. 运用模糊综合评价法进行综合评价

利用模糊综合评价可以使评价过程中遇到的定性与模糊问题更加合理化。其步骤如下。

（1）确定评价因素集合。评价因素集合中的因素集 U 是影响评价对象的各个因素所组成的集合，可表示为 U={u$_1$, u$_2$, u$_3$, ···, u$_n$}。其中，U$_i$（i=1, 2, ···, n）是评价因素，N 是同一层次上单个因素的个数，这一集合是评价的框架。

（2）确定评价等级标准集合 V={v$_1$, v$_2$, ···, v$_n$}。在这个评价等级标准集合中，v$_j$（j=1, 2, ···, n）是评价等级标准，即评语档次数。这一集合为评价的可能结果，就是对各项指标满意度设定的几种不同的评语等级，通过模糊综合评价，从评语集中选取一个最大结果，这也是模糊综合评价方法的目的所在。

（3）建立模糊关系矩阵 R（隶属度矩阵）。在构造了等级被评因素子集后，要一一对被评对象从每个因素上进行量化，即确定从单因素来看被评对象对等级模糊子集的隶属度，得到模糊关系矩阵：

$$R = \begin{bmatrix} r_{11} & r_{12} & \cdots & r_{1n} \\ r_{21} & r_{22} & \cdots & r_{2n} \\ \cdots & \cdots & \cdots & \cdots \\ r_{n1} & r_{n2} & \cdots & r_{nn} \end{bmatrix}$$

（4）确定评价因素的权向量 W。在模糊综合评价中，如前述方法使用层次分析法确定评价因素的权向量 W =（W$_1$, W$_2$, ···, W$_n$）。运用层次分析法确定因素的相对重要性，从而确定权系数。

（5）合成模糊综合评价结果矩阵 B。通过以上分析，得到模糊综合评价模型：

$$B = W * R = \begin{bmatrix} w_1 & w_2 & \cdots & w_n \end{bmatrix} * \begin{bmatrix} r_{11} & r_{12} & \cdots & r_{1n} \\ r_{21} & r_{22} & \cdots & r_{2n} \\ \cdots & \cdots & \cdots & \cdots \\ r_{n1} & r_{n2} & \cdots & r_{nn} \end{bmatrix}$$

5. AHP—模糊综合评价法的优势

对于旅游管理专业教学效果评价，采用 AHP—模糊综合评价法，主要是因为其有以下优势。

一是 AHP—模糊综合评价法运用层次分析确定指标权重时，只需要专业的评价人员给出各个评价指标之间的两两相对重要性的比较结果，操作简单易行。

二是利用 AHP—模糊综合评价法进行评价，不但全面考虑到影响教学过程的多种因素，整合了专家学者的专业性评价意见，而且可以有效地解决评价过程中出现的模糊性问题，运用模糊性的数学分析，将定量与定性有机结合，使得评价结果更全面、科学。

两种方法结合后建立的 AHP—模糊综合评价模型，能够极大地发挥这两种方法的各自优势，使之相结合，不仅能够从全面的、综合的、整体的角度考虑影响寸金学院教学绩效评价的各种因素，而且可以尽量减少由于主观方面因素所带来的不确定性等弊端，比其他方法更具有可行性，更贴近实际。因此，评价结果会更有可信性、可靠性。

基于我校旅游管理的专业特点，在校企合作的情况下，我们基于理论研究与探索，总结出构建旅游管理专业指标体系的方法与模型构建，通过在实践中不断摸索，不断对这种评价模型进行完善，以此不断增强我系旅游管理专业的专业教学能力，不断突出旅游管理的专业特色。

总之，开展应用型人才培养模式探索与实践以来，首先对旅游管理专业进行试点，经过5年多的改革与实践，在旅游管理专业应用型人才协同培养改革与实践过程中取得了一定的效果。目前，根据旅游管理人才协同培养改革与实践的经验，进一步向市场营销和工商管理等管理类专业推广，以点带面，通过不断积累和总结经验，逐步形成独立学院应用型本科专业人才协同培养的创新模式。

第8章
实践教学基地建设与管理

实践教学基地建设是实践教学环节的基础，是学生创新能力培养的重要保障，是高校教育教学改革的重要内容。

随着社会的发展，企业对高校毕业生动手能力的要求越来越高，而高等院校作为实践教学的主体，要适应社会主义市场经济发展的需要，就应该对传统的重理论轻实践的教学思路进行改革，努力提高学生的动手能力及创新能力。为提高我校学生的就业率，我校与旅游企业及酒店进行实践教学基地建设具有重要的意义。

8.1 实践教学基地建设概述

实践各环节是将知识内化为能力的过程，是学校培养实践理念、启发创新思维、提高综合素质的重要教学环节。实践教学基地（下简称基地）是学生了解社会和接触生产实践的重要窗口，它不仅给学生提供实习的场所和参加社会实践活动的机会，融会贯通，激发创新意识，而且还为教师提供教学素材，也为专业课程知识补充和更新提供可能，丰富专业课程体系。良好的基地运行机制是提升实践教学质量的重要保障。

8.1.1 实践教学基地建设的概念

实践教学基地建设是高校教育改革的重要内容，是高校提高学生实务操作能力和人才素质培养的重要基础，实践基地建设有助于提高对实践教学的认识，有助于提高教学水平和人才培养质量，有助于提高学生就业率，提升高校品牌和社会影响。实践教学基地建设是实践教学体系的重要组成部分，为实践教学提供良好的、能适应岗位需要的、规范有序的实践场所。

8.1.2 学校与基地依托单位已有的合作基础

2012年10月，广东海洋大学寸金学院与东莞三正半山酒店建立合作关系，并就学生的联合培养工作签订了《共建教学实习实训就业基地协议书》。为满足实践教学的要求，实践酒店对内部布局进行了有针对性的调整，以便于接受大量学生的实习、参观；另一方面，根据学校教学的需要，三正半山酒店派出了相关专业人员到我校为学生授课。目前，学生的实践取得了良好的效果。酒店还接受了部分毕业生到该公司工作，体现了校企合作的良好基础。

8.2 实践教学基地建设存在的问题

8.2.1 实践教学定位不准，建设方向不明确

实践教学基地建设没有明确建设思路、目标，没有确

定建设计划和内容，缺乏良好的设施以及严格规范的管理制度，没有反映专业实训要求，没有严格执行教学计划、教学大纲、教学规程等教学文件，因而造成定位不准、建设方向不明确，阻碍了基地的发展和学生素质的提高。

8.2.2 实践教学效果不佳，缺乏相应制度管理

没有制定相应的制度管理，没有明确双方的职责和任务。校内老师没有明确责任，没有按照大纲教学、敷衍教学，没有有效提高学生的素质和应变能力等；在校外实践教学基地实习质量不能保证，学生态度上不重视，行动上不积极主动，指导老师不上心，因而培养不出应用型的人才和企业需要的人才；实习及实训的教学考核和管理不完善，很多学校还没有要求准备实训教案，致使实训还处于理论教学的从属部分；老师和学生在重视程度上不够，准备上不充分，没有实训前的科学布置和充分准备，以及实训中的全力投入、实训后的检查和验收机制，同时，实训的效果好坏也没有一个严格的考评方法。

8.2.3 实践教学的教学条件落后

实践教学基地的建设需要大量的人力、物力、财力和空间场地。经费投入不足导致实践设备种类单一、数量不足、设备档次较低，分析测试手段和社会生产先进手段差距较大。学生在学校内的实践训练水平跟不上时代的进步，导致学生所学的知识在企业中用不上、不能用、不会用。

8.2.4 实践教学师资队伍建设不足

由于大部分老师走的是"重理论轻实践""重讲课轻实践"路线，而且大多数实验指导任务由任课老师担任，经常出现实践经验不足、指导学习方法不科学、与实际脱轨的现象，导致学生与社会、企业脱节，缺乏竞争力度。没有好的实践教学指导导老师，实践教学基地就是一个空壳子，发挥不了应有的作用，并且会对学生的组织教育不够，致使很多实训单位在接收学生实训时有很多顾虑，如安全问题、纪律问题和影响工作等问题。而参加实训的学生是不是纪律严明、文明好学、给实训单位留下好印象，会直接关系到实训基地的良好发展，而出现问题的单位则很难再有合作的机会。

8.3 实践教学基地建设的措施

8.3.1 确定基地建设思路和建设目标

1. 建设思路

广东海洋大学寸金学院把培养应用型人才确定为目标。要实现培养应用型人才的目标，在充分确保理论知识的教学活动以外，更要突出教学实践环节，在实践教学过程中注重学生实践能力的训练和提高。在实践基地建设方面，采取校内实训基地与校外实践基地相结合的方式，对学生的实践技能和创新实践能力进行系统的锻炼和培养。旅游管理实践基地建设既要有专业特征，达到培养人才的要求，又要体现为企业和地方服务的精神，做到两方面相结合，并立足实际情况，探索建立可持续发展的管理模式和运行机制，实现共赢。

2. 建设目标

将基地建设成符合旅游管理专业、工商管理专业及市场营销专业实践需要，并具备企业管理学、市场营销学、旅行社管理、财务管理、旅游产品开发与设计等专业课程的实践教学条件，并满足同时接纳80名学生实习的要求。

8.3.2 建立科学合理的基地建设工作制度

制定切实可行的实践教学管理规章制度。如实践教学管理规定、指导教师责任制度、学生实践教学守则、教学仪器设备管理办法、实践教学基地评估制度等。制度要切合实际，具有可操作性，能量化的尽量量化，使各项实践教学活动有章可循。

建立校、系、基地相结合的管理机构，学院健全教学基地建设的组织领导机构。学院成立教学基地建设工作领导班子，学院领导牵头成员由具备丰富管理经验的教学管理人员和教学专家担任，主要职能是研讨和确定基地建设工作思路、政策、发展目标与定位，并经常深入教学基地督导教学工作，由实践教学部组织协调。

通过合作协议或其他方式将合作的目的、意义、内容、方法，以及合作双方的责任、权利、义务以法律的方式予以明确。合作协议是对校企双方具有约束力的文件，是建立长期、稳定、高效的校外实践教学基地的法律基础,并随时检讨合作意向书的执行情况。在推进校企合作建设实训基地运行的过程中,建立和健全了校企合作建设实训基地的领导机制、协调机制和合作机制。

8.3.3 改善教学条件并明确双方责任

1. 改善教学条件

首先,建设产品展览销售与洽谈多功能厅。可以利用现有的东莞三正半山酒店营业厅,增添产品展板、扩音设备、桌椅等,使其具备产品展示、商谈、销售模拟训练等功能。

其次,建设多媒体学术报告厅。东莞三正半山酒店现有会议室,增添投影设备、扩音设备、专用桌椅等,使其具备多媒体授课、分组讨论、谈判演练等功能。然后对现有的旅游产品销售操作系统进行升级改造,使之成为适合学生模拟的训练与实践共用平台。

最后,开辟基地管理实践平台。由学生负责旅行社营业网点经营管理、财务管理、导游服务、旅游产品设计与开发以及对外交流等,使其成为学生全面掌握企业各部门运作的实践平台。

2. 明确双方责任

(1)校方的责任。在实践教学基地建设中,校方需承担以下几个方面的责任。

第一,对学生进行专业技术的专门训练,加强实践教学,促进教学、科研、生产的结合,提高学生分析问题和解决问题的能力。

第二，对学生进行职业素质的训导，创造高度仿真的企业环境，营造良好的职业训练氛围，使学生的知识、技能以及应用知识的能力与市场需求紧密结合。

第三，学校由教务处统一负责实习组织工作，教务处同院系聘请基地所在单位领导负责实习基地的建设和对实习工作的领导，学校派出的指导教师应参与对实习生的管理。同时，选派有经验的教学管理人员到基地帮助支持教学工作。

第四，校方负责人应常到基地走访，主动与基地合作，共同协商教学有关问题，在合作中相互了解，为后期教学工作的顺利开展奠定良好的基础。

第五，定期召开教学研讨会及后期实践教学工作会议，认清教育形势和学院实践教学存在的问题，总结后期实践教学经验，找出不足，提高教学质量，积极推动学院和教学基地各项工作的全面发展。

第六，积极与基地开展科研合作，帮助基地推荐发表论文；及时调整师资结构，并对优秀带教科室、优秀带教个人、先进教学管理人员进行评选，选定结果与基地的奖励制度挂钩。

（2）基地依托单位的责任。在实践教学基地建设中，企业需要承担以下几个方面的责任。

第一，建立健全各种保障机制。首先要建立人员精简、办事效率高的领导机构与办事机构，能很好地行使管理职能、及时处理各种复杂事件。

第二，承担部分实验教学任务，把教学工作列入基地工作计划，制定相关的政策等来调动教师的带教积极性；提供必要的场地，其规模、数量和质量应确保教学及实践的正常进行。为学院提供相应的硬件与软件条件，加强学院实践教学基地的建设；确保经费投入，提高教学基地质量建设。

第三，做好教学、师资、学生诸方面的管理工作。建立评估机制，要从各个方面对实践教学基地进行评估，对教学计划的执行、监督、评价，教师的配备、进修、考核，学生的管理等方面的工作进行评价与指导。

第四，接受学生实习，并通过有计划的培训和考核，优先从实习的学生中挑选所需的人才，为学校解决毕业生的就业问题。

第五，积极与基地开展科研合作，帮助基地推荐、发表论文；及时调整师资结构，并对优秀带教科室、优秀带教个人、先进教学管理人员进行评选，选定结果与基地的奖励制度挂钩。

总之，实践教学基地建设是承担高校实践教学、实现实践教学各个环节的重要场所，更是提高高校教学质量、增强学生实践能力的根本保证。通过校企合作建立实践教学基地，实现双赢，在合作中不断发现问题、解决问题。

第 9 章
旅游管理应用型人才协同培养模式实践

9.1 旅游管理应用型人才协同培养模式实践现状

为了大力提升人才培养水平、增强科学研究能力、服务经济社会发展、推进文化传承创新,《国家中长期教育和发展规划纲要（2010－2020）》提出，高等学校要提高人才培养质量，要"加强实验室、校内外实习基地、课程教材等基本建设，深化教学改革，推进和完善学分制，实行弹性学制，促进文理交融。支持学生参与科学研究，强化实践教学环节"等，还相应地提出了高等学校人才培养体制改革的一系列举措，指出要"加强学校之间、校企之间、学校与科研机构之间合作以及中外合作等多种联合培养方式，形成体系开放、机制灵活、渠道互通、选择多样的人才培养体制"。2012 年 3 月 16 日，教育部印发了《关于全面提高高等教育质量的若干意见》，提出"要坚持探索建立校校协同、校所协同、校企（行业）协同、校地（区域）协同、国际合作协同等开放、集成、高效的新模式，形成以任务为牵引的人事聘用管理制度、寓教于研的人才培养模式、以质量与贡献为依据的考评机制、以学科交叉融合为导向的资源配置方式等协同创新机制"。可见，全面提高高等教育质量，提升人才培养质量是我国新时期高等学校教育发展和改革的重要任务与目标。

随着我国旅游产业的快速发展，中国成为世界最大的国内旅游市场、世界第一大国际旅游消费国、世界第四大旅游目的地国家。2016年，在《国民经济与社会发展"十三五"规划纲要》中，中国政府将旅游业放在了促进经济发展、促进改革开放、促进调整结构和促进改善民生的战略地位上。旅游业的快速发展对于旅游管理专业人才的需求并不仅仅停留在对基层服务人员的需求上，更需要大量的基层管理者和高技能专业人才。旅游业在快速发展的同时，对旅游教育提出了更高的要求，因此高校旅游管理专业人才培养需要与时俱进，适应旅游行业的发展。在《关于全面提高高等教育质量的若干意见》中的关于促进高校办出特色的举措中指出："探索建立高校分类体系，制定分类管理办法，克服同质化倾向。根据办学历史、区位优势和资源条件等，确定特色鲜明的办学定位、发展规划、人才培养规格和学科专业设置。"可见，因为高等教育的层次性、专业性、培养目标的多样性决定了高校人才培养的个性特征。所以，高校应该结合自身实际，探索出具有自身特色的旅游管理专业人才培养模式。

实践证明：只有把高校的发展、专业的建设与国家和地区的经济发展紧密结合，办出特色和水平，培养出来的学生才能找准位置，适应环境，为社会做出应有的贡献。经过几年的探索与实践，广东海洋大学寸金学院根据《中国教育改革和发展纲要》的精神和《广东海洋大学寸金学院"十二五"发展规划纲要》的基本要求，突出"坚持为广东地方经济建设服务"的办学目标，坚持"拓宽专业，加强基础，提高素质，强化能力"的专业发展和人才培养方向，瞄准"立足广东，服务华南"的办学定位，确定"以就业为导向的应用型旅游管理人才"的办学理念。学校还探索了校企合作、协同培养的人才培养模式，针对性地构建了"始了解、中实训、末实习"的旅游管理人才协同培养模式，在理论研究方面和应用实践方面进行了全方位地深入贯彻落实。

9.1.1 理论研究

项目组成员基于独立学院旅游管理专业应用技能型人才协同培养的研究与实践，在旅游管理专业教学改革、实验教学中心建设、实践教学创新等方面取得了不少研究成果，项目组成员近五年来承担教学改革项目10项，发表教改论文8篇，出版教材1部，出版专著1部，近5年承担科研项目2项，发表科研论文约7篇。

9.1.2 应用实践

广东海洋大学寸金学院探索了"始了解、中实训、末实习"的人才协同培养模式，以应用型人才培育为核心，充分发挥校企合作、协同培育在塑造大学生的健康人格和培养应用型大学生的综合素质方面的作用，重点突出校企合作、协同培育的亮点，并真正实现理论和应用相结合，使学生真正具备专业的理论知识，掌握应用技能，让学生在企业中得到充分锻炼，培养出优秀的应用型人才，以适应现代社会发展的需要，解决了应用型本科教育人才培养过程中只注重理论、不掌握技能的问题。

1. 适时调整人才培养方案

人才培养方案是实现培养目标、提高人才培养质量的关键所在。以校企合作、协同培养为根本，理论与技能培养相结合，以促进就业为导向。校企合作、协同培育是社会发展的需要，也是现代应用型人才培养的需要。为了培养适应现代旅游业发展需要，德、智、体、美、劳全面发展，面向我国和广东省旅游产品生产、营销策划、旅游业服务和管理第一线，需要培养具备较高的现代管理理论素养和系统的旅游管理专业知识，具有人文素质、国际视野、创新意识、创业精神、实践能力和社会责任，能在各类旅游相关企事业单位以及教育和研究机构等从事经营、管理、策划、咨询、服务等工作的高素质技能型专门人才。因此，在对本校历届旅游管理专业学生进行调查了解、组织教师走访旅游企业、进行学习了解等的基础上，基于就业应用型人才的培养目标定位，形成了"一条培养主线（培养就业应用型人才）、两种资质证书（学历证书和职业资格证书）、三个实践训练（社会实践、校内实训、企业实习）紧密相连，产学研一体的"培养思路。另外，广东海洋大学寸金学院对旅游管理专业实践效果进行系统评估，适时地调整了理论课程与实践课程的比例，逐步完善了优化旅游管理专业人才培养方案。最新的人才培养方案保证了实践课程占全部课程的30%以上，对培养旅游管理专业应用技能型人才发挥了重要的作用。

2. 积极开展校内外实验、实践教学基地建设

针对旅游管理专业性、实践性强的特点，广东海洋大学寸金学院十分注重发挥教学实验实践环节在教学中的作用。旅游管理专业建立了专业认知见习、实验教学、专业实习和毕业实习四个层次的实践教学平台，着重培养学生的实际操作技能。

（1）专业认知见习。学校根据课程教学实际，安排若干学时，在学生入学的时候，对学生进行专业"双介绍"，即一方面由专业教师进行专业介绍，另一方面由企业人员进行相应行业、就业方向等方面介绍；第一学年的第一学期到相关旅游企业进行至少为期两天的实地考察和了解，并采用参观、现场教学、见习、观看录像等手段，使学生对今后的工作产生感性认识，同时结合专业基础课的学习，通过组织学生考察本地旅游线路的组合及线路上的景区（景点）、饭店、旅游交通、导游过程、旅游购物商店等，使学生初步了解旅游管理专业所涉及的操作、管理环节和系统，为进一步学习专业理论打下感性认识基础，提高学生对专业课的理解，激发学生的专业学习兴趣。

（2）实验教学。旅游管理专业拥有一支结构合理、分工明确、实验教学经验丰富、专业技术能力强、人员相对稳定的实验教学与管理队伍，为实验教学计划的实施提供了强有力的保证。实验教师由专任教师和各专业骨干教师组成，主要负责实验、实训课程的策划、设计、实施以及实验指导工作。实验教师以服务于实验教学需要为前提，根据实验需要进行跨专业的组合，实现灵活、动态分工协作，完成各类综合实验课程。实验技术人员主要负责实验中心各类仪器设备的安装、调试、维护、维修以及实验环境的准备和维护。实验管理人员主要负责实验中心的日常管理工作，包括实验课程的安排、实验室资产管理、实验安全与卫生管理、资料整理、对外联系与交流、对外服务等。在实验课程设置方面，旅游管理校内实验、实训现在开设有四大类实验课，包括：基础实验、综合性实验、设计性实验和创新性实验。同时，旅游管理专业开设了旅游经营综合实训、酒店管理实训、旅行社经营与管理实训等专门的实验课程，还在旅游景区、生态旅游学、旅游心理学等相关专业课程中开设了相应的课程实训学习环节，这类实验根据课程教学进度及时安排，做到了学完就实践，加深了理论教学的效果。

（3）专业实习。专业实习包括主要由导游业务实习、旅游景区管理实习、酒店实习、毕业实习组成，一般在实习基地进行。经过多年实践与合作，旅游管理专业已有一批相对稳定的高质量的校外实习基地，使学生能够前往旅行社、饭店、旅游景区等相关旅游企业进行学习，如湛江中国旅行社、湛江皇冠假日酒店、东莞山正半山酒店、惠州嘉华度假酒店、阳江海韵戴斯度假酒店、湛江市南湖国旅、珠海御温泉度假村、湛江北部湾餐饮有限公司等，增加了学生对本行业的直观感受和学习兴趣，巩固了学生的理论知识，强化了学生的技术能力和实践操作能力，提高了学生运用所学知识独立分析问题、解决问题的能力。具体来说：第二学年第一学期到旅游景区进行为期一周的导游业务和旅游景区管理专业技能实训；第二学年结束前，利用第四学期后一个月、暑假时间及第五学期第一个月共20周的时间到实习酒店参加顶岗实习，进行专业技能训练和岗位的实践，我们将这段专业实习的时间称之为"第三学期"。在每个实习酒店，至少安排一名经验丰富的专业教师对学生在顶岗实习过程中的生活、学习等方面的管理监督和实习成绩的鉴定，加上酒店内部的领导、部门经理等有经验的人员担任实训指导教师，让学生更好地掌握实践技能。通过有效的方式将专业教师指导与酒店培训、顶岗实习紧密结合起来，使学生在实践中锻炼了动手能力和解决问题的能力。

（4）毕业实习。毕业实习安排在大四第二个学期，学校成立专业的实习指导小组，确立专门的实习指导教师，对学生的整个毕业实习进行全过程的指导与管理。为了保障实习的质量，制定了严格的实习考核表，实习结束后要求学生提交一份毕业实习报告，保证实习报告在如实反映实习情况的基础上，可以围绕实习所在单位的某一专题进行选题。实习报告要有基本内容，更要有特色内容；要有一般性分析，更要有重点剖析。实习报告还可以在企业有关人员的指导下，对实习单位某一方面的经营管理现状和存在的问题进行了较为系统的分析，并提出了改进工作的建议，进行了对策性的研究。通过毕业实习让学生对整个大学期间所学理论知识有更深入的理解，进一步提升学生的理解问题、分析问题、解决问题的能力，同时，明确了其就业意向，为更好地适应毕业后的就业岗位打下了基础。

总的来看，目前广东海洋大学寸金学院旅游管理专业已经基本形成"课内—课外、校内—校外、教学—科研"相结合的实践教学模式，为学生将所学的课堂理论知识与课外实践相结合创造了良好的条件，对培养具备旅游管理专业理论知识和职业技能的高素质技能型专门人才有着重要的现实意义。

9.1.3 高素质师资队伍建设

根据学院"十二五"发展规划建设要求，满足需要、结构合理、专业素质良好，具有敬业精神和创新能力的建设思路。通过与校外实践教学基础和合作企业的充分沟通，旅游管理专业建立了一支具有现代教学理念的高素质教师队伍，这支旅游管理教师队伍不仅具有良好的教学科研能力，在实践方面也具有丰富的经验。高素质的教师队伍不仅能传授理论知识，在学生实习过程中也能起到很好的指导作用，对保障旅游管理专业实习取得良好效果有着积极作用。

9.1.4 旅游管理专业的各类活动或竞赛

第二课堂是学生课内学习的延续，是第一课堂以外的全部学习活动。第二课堂与教学活动是一个相互呼应、相互渗透、共同作用的教育过程，第二课堂活动是教学活动的补充和延伸，它有利于培养学生技能、创新思维、竞争意识和良好情操。为了进一步提高学生的专业学习兴趣和技能，学院、系部或者协会适时地组织了旅游相关的各类活动或者专业竞赛。例如最近已经举办的旅游酒店服务职业技能竞赛、红色旅游线路设计竞赛、一路"游"你之旅游展示比赛、导游证考试经验交流会等等。其中，不少活动或者竞赛是与相关旅游企业通过各种合作方式开展的，拓展了校企合作的空间与方式。而且，还会适时邀请外校知名相关专业教师或旅游企业家等到学院举办专业讲座，进一点拓展学生的专业视野。

9.2 协同培养成效

经过多年的探索与实践，广东海洋大学寸金学院旅游管理专业校企合作的协同培养模式富有成效，已经构建起一个能够有效地将社会资源整合进学校人才培养之中，又适合本校人才培养实际的框架体系。主要表现在以下几个方面。

9.2.1 学生的综合素质提高，实际应用能力提升

首先，通过校企合作、协同培养的人才培养模式的探索与实践，不仅使学生树立了正确的人生观、价值观和世界观，提升了学生的思想道德素质，而且使学生认识和了解了宾馆酒店、旅行社、旅游景区这一特定旅游从业环境，充分认识到了将来所从事的旅游职业的性质。

其次，通过校企合作、协同培养的人才培养模式的探索与实践，强化了实践教学，使学生树立了良好的职业道德和服务意识，培养了学生吃苦耐劳的精神，锻炼了学生坚强的意志品质，提高了学生在宾馆酒店、旅行社、旅游景区这些特定旅游从业环境中与人相处、广泛交际的能力。

最后，通过校企合作、协同培养的人才培养模式的探索与实践，学生掌握了旅行社、景区各相关部门的运作程序，通过参观学习和实际操作，达到了理论联系实际的目的，巩固、加深、拓展了学生的专业理论知识，提高了学生分析问题、解决问题的能力，提升了学生的服务与操作技能技巧，为毕业后从事旅游及其相关行业奠定了良好的职业基础。

总之，通过校企合作、协同培养的人才培养模式的探索与实践，学生掌握了专业技能，提高了应用能力，学生的综合素质得到全面提升。相关专业学生参加各项技能比赛中取得佳绩，如获得了2012年第八届全国大学生用友杯沙盘模拟经营大赛三等奖、2014年广东省首届酒店职业英语口语大赛二等奖、2014年东莞三正半山酒店优秀实习生一等奖（10人），2016年湛江市旅游饭店服务行业职业技能竞赛"最佳组织奖"等，充分展示了我校旅游管理专业应用技能型人才培养的成效。

9.2.2 旅游管理人才培养质量得到广泛认可

以应用型人才培育为核心，"始了解、中实训、末实习"的校企合作、协同培育的人才培养模式，在塑造大学生的健康人格和培养应用型大学生的综合素质方面发挥了积极作用，获得了包括学校、企业、学生的广泛认可。

通过校企合作协同培养的人才培养模式的探索与实践，旅游管理专业学生的综合素质大幅度提升，通过协同培养的毕业生一次就业率达到了99.8%，提高了本专业学生的就业率，获得了学校方面的好评。

通过校企合作、协同培养的人才培养模式的探索与实践，合作的实习基地领导或负责人对我校旅游管理专业实习生的表现都给予了高度好评，凡是通过校企合作培养的毕业生，毕业后可以直接选择回到原实习单位工作，并可以免试用期直接成为正式员工；在实习期间被旅游企业评为优秀实习员工的，直接被聘用为基层管理者，从而进一步巩固了校企合作的平台。

另外，通过对历届旅游管理毕业生的相关调查发现，学生对"始了解、中实训、末实习"这一本科人才培养模式表示了高度认同，特别是对其中的顶岗实习给予了高度评价。这一培养模式促使学生有效地将理论与实际相结合，提高了学生的实践动手能力，这与社会对旅游管理专业人才应用的素质要求是相适应的，从而使我校旅游管理专业学生在毕业后能更好、更快地适应工作岗位的要求。

可见，在学院校企合作、协同培养模式改革的探索与实践中所建立起的协同培养机制，有效地支撑起了应用技能型人才培养模式，使学生在校期间就可以掌握一定的专业技能，收到了校企直通的成效，使学生的就业竞争力进一步增强。

9.2.3 培育了高素质的"双师型"教师队伍

通过校企合作、协同培养的人才培养模式实践的前期努力，培育了强大的师资力量，学校在旅游管理专业成立了专业实践教学团队。首先，通过聘请旅游行业精英为旅游管理专业的学生和老师开展专题讲座或围绕专业热点话题召开讨论会，增加企业、学生和老师之间的交流，不断开拓学习互动的形式；其次，启动教师企业工作行动计划，采取参与课题研究、国内旅游院校进修、企业管理挂职锻炼的方式，不断提高专业科研能力和教学水平，以实习基地为支撑，让专业实践教学的相关教师能够去企业学习锻炼，而且专业教师在参与实习基地工作的同时，还承担实习基地相应课题研究，提升了教师个人的专业技能能力和科研水平；最后，让专业教师指导学生参加各类旅游管理专业竞赛、暑期"三下乡"、大学生创业创新项目等，并获得了不错的成绩，例如在2016年湛江市旅游饭店服务职业技能比赛中，不仅获得了团体奖项，而且三位指导教师被评为"优秀指导老师"。

通过校企合作的深入，充分利用企业人力，整合社会和行业资源，以构成与人才培养方案相匹配的双师结构团队，并聘请企业"行家、里手"充实到教师团队中，设立兼职教师"课时费补贴"制度和兼职教师管理制度，加强专任教师和兼职教师的相互交流、相互促进，提高课程实践、专业实习的教学水平，而且积极安排专业教师通过考取行业职业资格、参加"双师"资格认定培训、教师下企业挂职锻炼等方式，不断强化专业教师的"双师"水平。按照满足需要、结构合理、专业素质良好、具有敬业精神和创新能力的建设思路，本专业已经建立了一支高素质的"双师型"教师队伍。

9.2.4 院系获得了科研项目、建设经费

通过校企合作、协同培养的人才培养模式的多年实践，旅游管理专业教师的不断努力，再加上学校领导对旅游管理专业建设的大力支持，旅游管理专业在院系获得了一批科研项目、建设经费，其中包括2011年广东省民办教育协会教学改革研究项目：民办高校教师职业倦怠及其对策研究项目；2012年广东省质量工程教学改革研究项目：独立学院应用型本科专业人才培养模式改革与实践；2013年广东省质量工程教学改革研究项目"服务地方型"独立学院经济管理类专业实践教学体系建设项目；2013年广东省的"创新强校"质量工程教学改革研究项目：旅游管理专业综合改革项目、经济管理实验教学中心建设项目；2014年广东省教学成果奖的"独立学院应用技能人才协同培养模式研究与实践--以旅游管理专业为例"的培育项目；广东省质量工程教学改革研究项目：旅游管理专业综合改革试点项目等。

"始了解、中实训、末实习"的校企合作、协同培育的人才培养模式的实施与推广为这些科研项目、建设经费的获准成立提供了平台支撑。同时，因为相关科研项目的开展为校企合作、协同培养的人才培养模式实践提供了理论

上的支撑，从而使得该人才协同培养模式在理论研究和实践应用上取得了显著的成效。

9.3 成果交流及推广

目前，我系校企合作、协同培养模式，"始了解、中实训、末实习"人才培养体系在总结完善的基础上，相关项目成果首先在广东海洋大学寸金学院旅游管理专业试点实施，经过多年的实施与完善，已经相当成熟。取得显著成效之后，相关研究成果积极地在校内外进行了交流及推广，并在大学学报、省级以上重要期刊上发表，或作为交流材料在不同会议（场合）与省内同级院校不断丰富该人才培养模式的实践成果，扩大了受益面。

一方面，该人才培养体系首先在我系市场营销和工商管理专业进行了推广与实践，取得了显著的成效。之后逐步在全系推广，使学生的受益面不断扩大，巩固了校企合作、协同培养模式，"始了解、中实训、末实习"人才培养体系的实践成果也获得了学校领导的支持与指导。

另一方面，该人才协同培养模式同时受到了省内兄弟院校的关注。华南理工大学、广东技术师范学院天河学院、广东财经大学华商学院等多所高校的专家、教师就该培养模式进行了交流与探讨。

参 考 文 献

[1] 保继刚，朱峰．中国旅游本科教育萎缩的问题及出路：对旅游高等教育 30 年发展现状的思考［J］．旅游学刊，2008，23（5）：13-17．

[2] 陈国生，罗文．高校旅游管理课程体系改革及其模式构建特点［J］．咸宁学院学报，2003（2）：135-126．

[3] 陈来生．高等旅游教育在新形势下的新思路［J］．求索，2003（6）：71-73．

[4] 陈平，陈菲．校企合作构建实践教学质量保障体系的探索［J］．职业技术教育，2010（8）：71-74．

[5] 陈晓芳，翟长洪，崔伟．中外高校会计本科人才培养模式比较研究［J］．财会通讯，2008（05）：122-124．

[6] 程建芳．借鉴国外经验强化应用型本科教育实践教学［J］．中国高等教育，2007（7）：54-55．

[7] 董文杨，解飞厚．关于高校人才培养模式几个问题的思考［J］．江汉大学学报，2013（2）：71-74．

[8] 董晓红．独立学院应用型人才培养模式的探索与实践［J］．中国职业技术教育，2007（12）：36-37．

[9] 段妏雯．独立学院应用型人才培养模式的探索［J］．中国人才，2013（7）：161-162．

[10]〔美〕菲利普·科特勒，凯伦·F. A. 福克斯．教育机构的战略营销［M］．庞隽，陈强，译．北京：企业管理出版社，2005：106-107．

[11] 冯研．对国外发达国家产学结合人才培养模式的思考［J］．教育研究，2009（8）：169-170．

[12] 傅维利．国外高校学生实践能力培养模式研究［J］．教育科学，2005（1）：52-56．

[13] 高鹏．我国旅游高等教育现状浅析［J］．浙江旅游职业学院学报，2008（3）：80-82．

[14] 高维忠.地方院校本科应用型人才校企协同培养模式的实践探索：以韶关学院旅游管理专业为例［J］.教育观察，2016（5）：42-63.

[15] 高亚芳.旅游高等教育与旅游产业发展的互动关系研究［J］.科学·经济·社会，2004（3）：35-37.

[16] 高阳.PBL在旅游专业教学中的实践与思考［J］.科教文汇，2009：179-180.

[17] 郭倩倩.本科层次旅游管理专业学生就业现状及对策研究［J］.桂林旅游高等专科学校学报，2008，19（3）：469-472.

[18] 国家旅游局.中国旅游统计年鉴2005［M］.北京：中国旅游出版社，2005：178-178.

[19] 韩勇，等.独立学院旅游管理专业多元化应用型人才培养模式探析［J］.教育与教学研究，2012（9）：78-81.

[20] 韩志丽.基于行为导向的情境教学法在财务管理教学中的运用［J］.会计之友，2006（7）：65-66.

[21] 何卫华.高职经贸类专业顶岗实习评价指标体系研究［J］.职教通讯，2011（10）：72-75.

[22] 贺平.项目教学法的实践探索［J］.中国职业技术教育，2006（22）：43-44.

[23] 黄崴.主体性教育理论：时代的教育哲学［J］.教育研究，2002（4）：74-77.

[24] 黄光雄，蔡清田.课程设计：理论与实际［M］.南京：南京师范大学出版社，2005：30-33.

[25] 黄磊，吴长清.高等旅游教育课程体系探索［J］.株洲工学院报，2005（5）：142-143.

[26] 蒋玉华.旅游管理专业教育质量存在的问题及对策［J］.边疆经济与文化，2007（10）：28-29.

[27] 焦明连，周立.测绘工程专业卓越工程师教育培养模式的研究［J］.测绘通报，2012（1）：102-104.

[28] 蓝进.PBL教学法在市场营销专业实训中的应用［J］.教育与

教学研究，2009，23（5）：77-79.

[29] 李广春．高校旅游管理专业教育现状分析［J］．郑州航空工业管理学院学报（社会科学版），2005，23（4）：84-85.

[30] 李虹，王焕宇，程玉贤．餐饮管理［M］．北京：中国旅游出版社，2009：79.

[31] 李红卫，李西凤．从国外经验看我国校企合作发展［J］．中国高校科技，2011（9）：40-41.

[32] 李萌．本科层次旅游人才培养模式的创新［J］．旅游学刊，2008，23（02）：9.

[33] 李培根，许晓东，陈国松．我国本科工程教育实践教学问题与原因探析［J］．高等工程教育研究，2012（3）：1-6.

[34] 梁东在．国外高校经管类专业实践教学校企合作模式的研究［J］．社科纵横，2009（1）：74-75.

[35] 廖学勇，曾平生．独立学院"双师型"教师聘用及培训机制探讨［J］．科学时代，2010（9）：158-159.

[36] 林刚．管理类学科中旅游管理专业的教学内容及课程体系初探［J］．旅游学刊，1998（12）：66-69.

[37] 林妙花．独立学院旅游管理专业"应用就业型"人才培养初探［J］．襄樊学院学报，2012，33（5）：45-48.

[38] 刘阿娜．借鉴国外商务人才培养模式促进城市经济可持续发展［J］．中国商贸，2007（7）：236-238.

[39] 刘碧强．英国高校创业型人才培养模式及其启示［J］．高等教育管理，2014，8（1）：109-115.

[40] 刘芬，盛正发．旅游管理专业三位一体人才培养模式探析［J］．湖南商学院学报，2008（3）：53-55.

[41] 刘海鸿．高等院校旅游管理专业本科教育面临的问题与对策［J］．中国高教研究，2004（9）：75-77.

[42] 刘红委．关于"双师型"教师认定与聘用问题的思考［J］．重庆电子工程职业学院学报，2012，21（5）：74-76.

[43] 刘景华,郝显薇. 基于校企合作的高职院校"双师型"教师培养[J]. 中国科技信息,2012(10):201-201.

[44] 刘小蓓,陈世清,林轩东. 高等农林院校旅游管理专业应用创新型人才培养思考[J]. 安徽农业科学,2011,39(8):4987-4989.

[45] 刘亚玲,刘秀丽. 高校旅游管理专业应用型创新人才培养的内涵探究[J]. 科教导刊,2012(11):148-149.

[46] 刘焱. 基于PARTS战略的应用型本科旅游管理专业实践教学改革探索[J]. 教育与职业,2014(23):163-164.

[47] 刘雁. 我国旅游管理本科人才培养模式研究新探索[J]. 社会科学战线,2014(2):275-276.

[48] 陆林,张宏梅,汪婷. 基于制度创新的旅游本科教学改革研究[J]. 中国大学教学,2010(02):25-27.

[49] 罗艳玲. 新时期高校旅游管理专业师资队伍建设路径探索[J]. 教育观察,2016(4):34-36.

[50] 吕书梅. 情境模拟法在高职《管理沟通》课程教学改革中的应用[J]. 职业教育研究,2010(5):92-93.

[51] 马春光. 国内外物流人才培养模式比较研究[J]. 沈阳工程学院学报,2013,9(3):351-354.

[52] 马瑞. 校企合作模式下的实践教学质量评价指标体系研究[J]. 中国电力教育,2013(22):154-156.

[53] 梅亮,李炳义,王艳. 旅游专业餐饮管理课程实践教学体系的三维架构[J]. 实验室研究与探索,2008,27(7):127-130.

[54] (美)乔尔·布利克,戴维·厄恩斯特. 协作型竞争[M]. 林燕,等,译. 北京:中国大百科全书出版社,2000:306.

[55] 石芳. 以诚信为核心的旅游伦理价值体系的构建[J]. 天水师范学院学报,2011,31(1):141-144.

[56] 石丽敏. 国外校企合作办学模式的分析与研究[J]. 高等农业教育,2006(12):81-84.

[57] 陶玉霞. 中国旅游高等教育专业发展思路探讨[J]. 旅游学刊,

2008, 23 (1): 8.

[58] 田鸣, 盖馥. 高职实践教学质量评价的实践与探索 [J]. 中国职业技术教育, 2010 (20): 89-91.

[59] 万勇华. 情境模拟教学法在高校思政课中的应用研究 [J]. 探索, 2014 (3): 129-133.

[60] 王春秀. AHP—模糊综合评价法在岗位评价与绩效评价中的应用研究 [D]. 北京: 华北电力大学, 2005.

[61] 王翠. PBL教学模式在高等旅游教育中的应用研究 [J]. 长春师范学院学报 (自然科学版), 2007, 26 (5): 147-149.

[62] 王红姝. 浅谈案例教学法的实践与应用 [J]. 黑龙江高教研究, 2000 (3): 76-77.

[63] 王建勋, 黄立志, 李俊芬. 高职院校实践教学体系与基地建设的比较研究 [J]. 职业技术教育 (教科版), 2001 (34): 54-57.

[64] 王妙. 我国旅游管理教育引入欧美MBA案例教学模式探析 [J]. 天津商学院学报, 2004, 24 (6): 47-50.

[65] 王天佑, 李丽红, 田雅娟. 中外高校旅游应用型人才培养模式比较分析 [J]. 技术与创新管理, 2013 (3): 272-272.

[66] 王玮. 基于PBL的旅游专业教学新模式 [J]. 旅游学刊, 2005 (1): 108-110.

[67] 王茜. 独立学院应用型人才培养模式的探索与实践 [J]. 价值工程, 2010 (11): 170-171.

[68] 魏梅霜. 高校创业教育实践基地问题研究 [J]. 中国成人教育, 2007 (4): 72-73.

[69] 翁鸣鸣. 旅游管理专业应用型人才培养模式探讨 [J]. 旅游学刊, 2010 (10): 179-181.

[70] 吴丹. 价值澄清理论对旅游管理课程教学的启示 [J]. 中外企业家, 2011 (6): 186-187.

[71] 吴慧在. 韩国高校人才培养模式的主要特征及其启示 [J]. 教学研究, 2008, 31 (6): 489-492.

[72] 夏应芬,方益群.高等院校旅游管理专业人才培养的探索[J].学园,2012(9):6.

[73] 谢苏立.基于 PBL 教学法的本科旅游管理专业教学改革:以《餐饮管理》课程为例[J].湖北经济学院学报(人文社会科学版),2016,13(8):205-206.

[74] 徐敏香.课程教学体系的探索与实践[J].科教文汇,2007(3):26-27.

[75] 许桂娟,王凯锋.创新高校教学督导运行模式提高教学质量监控绩效[J].税务与经济,2008(2):109-112.

[76] 薛晨囡.旅游管理专业(本科)课程设置评价及优化[D].长沙:燕山大学,2010.

[77] 杨公科,伍宏捷,罗惠娜.试论高职院校"双师型"教师队伍建设的激励机制[J].宝鸡文理学院学报(社会科学版),2012,32(3):43-46.

[78] 杨敏.试论我国旅游专业本科教育的尴尬与出路[J].昆明大学学报,2006(2):86-90.

[79] 杨卫武.论大旅游格局下的旅游高等教育[J].旅游科学,2010(5):8-16.

[80] 杨文斌.国外著名大学本科人才培养模式特征分析及经验[J].高等理科教育,2012.

[81] 杨燕燕.论教师职前实践教学的取向转换[J].职业教育,2012,5:84-90.

[82] 袁剑波.独立学院应用型人才培养模式创新与实践[J].高等工程教育研究,2012(2):118-122.

[83]《运筹学》教材编写组.运筹学[M].3版.北京:清华大学出版社,2005:436-458.

[84] 曾玉清.激励机制与高等院校教师队伍建设[J].湖南税务高等专科学校学报,2004,17(6):55-57.

[85] 翟思成.以专业为单元的顶岗实习评价指标体系实证研究[J].

中国青年政治学院学报，2011（10）：72-75.

[86] 张丹宇. 高校旅游管理专业应用型创新人才培养模式 [J]. 学术探索，2015（2）：73-77.

[87] 张继学. 案例教学及其在国内的发展现状 [J]. 职业教育研究，2004（1）：60-61.

[88] 张焜，纪秋颖. 基于协同育人理念创新应用型人才培养模式：五邑大学人才培养模式多样化改革的实践与探索 [J]. 学术聚焦，2014（10）：49-56.

[89] 张念萍. 应用型本科旅游管理专业人才培养方案分析 [J]. 亚太教育，2011，30（8）：155-156.

[90] 张丽娜. AHP—模糊综合评价法在生态工业园区的评价中的应用 [D]. 大连：大连理工大学，2006.

[91] 张明川. 高职院校旅游专业"双师型"教师培养的制度保障 [J]. 职业时空，2013，9（5）：15-17.

[92] 张培茵. 论旅游高等教育的课程体系重构与教学模式转型 [J]. 黑龙江高教研究，2006（6）：56-57.

[93] 张涛. 德国"双元制"职教模式对我国中等职业教育发展的启示 [J]. 职业技术，2010（5）：18-19.

[94] 张伟伟，廖庆华，郝国昌. 基于 AHP 的高速公路机电维护质量的模糊评价模型 [J]. 交通标准化，2011（21）：173.

[95] 张雁平，成军. 高职学生顶岗实习评价体系的研究和实践 [J]. 中国职业技术教育，2008（15）：10-11.

[96] 张毓峰. 旅游管理专业本科教育研究 [J]. 财经科学，2001（S2）：51-53.

[97] 张祖群，王波. 试论旅游管理学科定位与错位 [J]. 河北科技大学学报（社会科学版），2012，12（4）：84-89.

[98] 赵爱华. 基于校企合作的旅游管理专业师资队伍建设研究 [J]. 牡丹江教育学院学报，2014（10）：66，118.

[99] 赵新建，张小红，章牧. 面向本科与研究生协同的衔接性实

验教学体系 [J]. 实验室研究与探索, 2011, 30（8）: 282-286.

[100] 郑春奎. 试论地方性本科院校旅游管理专业应用型人才的培养 [J]. 中国成人教育, 2009（07）: 36-37.

[101] 职正路. 中美大学工商管理本科教育课程实施比较 [J]. 当代经济, 2016（12）: 100-101.

[102] 钟志平. 建立"双体系"教育体系突出"应用型"旅游管理人才培养特色 [J]. 旅游学刊, 2003（S1）: 22-26.

[103] 佚名. 中青在线—中国青年报. [EB/OL]http://zqb.cyol.com/content/2010-03/23/content_3146571.htm[2017-03-15].

[104] 仲崇光. 基于PBL的高等院校教学模式探讨 [J]. 中国成人教育, 2010（2）: 123-124.

[105] 周爱仙, 赵德艳. "双师素质"教师培养监控及评价体系构建 [J]. 科教导刊, 2015, 6: 75-76.

[106] 周纯义. 情境学习理念对我国高校课堂教学的借鉴意义 [J]. 黑龙江高教研究, 2015（6）: 20-22.

[107] 周丹, 杨晓玉. 行为导向教学法实施过程优化研究 [J]. 现代教育科学·普教研究, 2010（5）: 19-22.

[108] 周华任. 综合评价方法及其军事应用 [M]. 北京: 清华大学出版社, 2015: 3-7.

[109] 周建平. 大学实践教学的变革: 情境学习理论的视角 [J]. 高教探索, 2009（4）: 80-83.

[110] 周霄, 马勇, 刘名俭. 高校旅游管理专业应用型人才培养创新模式系统构建研究 [J]. 现代商业, 2012（9）.

[111] 朱若男, 张德成. 21世纪旅游管理专业本科教育改革探析 [J]. 黑龙江高教研究, 2007（02）: 167-169.

[112] 邹丽敏. 案例教学的教育价值及教学流程探讨 [J]. 无锡教育学院学报, 2004（6）: 39-41.

[113] 邹亮, 曹洪珍. 试论旅游管理专业的创新创业教育 [J]. 创新与创业教育, 2014（4）: 42-44.

[114] 查吉德. 美国大学社会服务功能的实现策略[J]. 现代大学教育, 2002 (47): 107-111.

[115] http://www.moe.edu.cn/s78/A03/s7050/201206/t20120628_138410.html.

[116] Wikie K:Burnls L. Problem based Learning: A handbook for nurses[M]. London:Palgrave Macmilian:2003:14.

图书在版编目（CIP）数据

旅游管理应用型人才协同培养模式创新研究 / 罗如学，刘晓丽，尤妙娜著. —北京：中国书籍出版社，2017.6
ISBN 978-7-5068-6224-0

Ⅰ. ①旅… Ⅱ. ①罗… ②刘… ③尤… Ⅲ. ①旅游经济—经济管理—人才培养—研究 Ⅳ. ① F590

中国版本图书馆 CIP 数据核字 (2017) 第 134266 号

旅游管理应用型人才协同培养模式创新研究

罗如学　刘晓丽　尤妙娜　著

策划编辑	李立云
责任编辑	向霖晖
责任印制	孙马飞　马　芝
封面设计	云书科技
出版发行	中国书籍出版社
地　　址	北京市丰台区三路居路 97 号（邮编：100073）
电　　话	（010）52257143（总编室）　　（010）52257140（发行部）
电子邮箱	yywhbjb@12.6.con
经　　销	全国新华书店
印　　刷	广州市丰秀印务有限公司
开　　本	787 毫米 ×1092 毫米　1/16
字　　数	155 千字
印　　张	10.5
版　　次	2017 年 11 月第 1 版　2017 年 11 月第 1 次印刷
书　　号	ISBN 978-7-5068-6224-0
定　　价	35.00 元

版权所有　翻印必究